Gegen François Jullien

Fröhliche Wissenschaft 064

Jean François Billeter

Gegen François Jullien

Aus dem Französischen
von Tim Trzaskalik

Matthes & Seitz Berlin

Inhalt

Vorwort zur deutschen Ausgabe 7

I.
Gegen François Jullien 9
China 12
Philosophie 44
Immanenz 59
Entweder – Oder 77

II.
Bewegter Rückblick auf mein Leben
von Li Zhi 84

Das *Huainanzi* in der
Bibliothèque de la Pléiade 96

Anhang 113
François Jullien, alles in allem 114
Zu *Si parler va sans dire* 133
Die Werke von François Jullien 136

Vorwort zur deutschen Ausgabe

Diese Streitschrift spricht für sich selbst und braucht keine lange Vorrede, aber über ihre Folgen sei das Wesentliche hier kurz festgehalten.

Als sie im Frühjahr 2006 erschien, löste sie in Frankreich eine denkwürdige öffentliche Debatte aus, weil François Jullien sehr bekannt war und einen bedeutenden Einfluss ausübte. In manchen Beiträgen wurde aber auch hervorgehoben, dass ich Fragen aufwarf, die über den Fall Jullien hinausgingen. François Jullien selbst ignorierte die Debatte zunächst und begnügte sich damit, in Interviews und Radiosendungen zu behaupten, ich hätte ihn schlecht gelesen. Einer seiner aktivsten Verehrer, Pierre Chartier, der im Verlagswesen tätig war, wollte es nicht dabei belassen und gab 2007 in einem kleinen Band eine Sammlung von Verteidigungsschriften heraus, betitelt *Oser construire. Pour François Jullien.* (Das Wagnis des Konstruierens. Für François Jullien.) Einige der Beiträge waren schon vorher erschienen und bezogen sich nicht auf meine Schrift. Schließlich griff François Jullien selbst zur Feder und veröffentlichte im selben Jahr eine Entgegnung: *Chemin faisant.*

Connaître la Chine et relancer la philosophie. Mit diesem Titel (man könnte ihn so übersetzen: »Unterwegs. Erkenntnisse über China, Anstöße für die Philosophie«) gab er zu verstehen, dass er sich auf seinem Weg nicht von Kleinigkeiten aufhalten und von seiner Aufgabe, die Philosophie wieder in Gang zu bringen, ablenken zu lassen gedachte. Der Untertitel lautete: *Réplique à* ***. Die Sternchen bezogen sich auf mich. Leider ging Jullien in keiner Weise auf meine Argumente ein und beschränkte sich darauf, die Leitgedanken seiner eigenen Arbeit nochmals zu darzulegen.

Da ich meinen Gesichtspunkt klar zum Ausdruck gebracht hatte, versprach ich mir, mich nicht weiter über Julliens Werk auszusprechen, aber ich bin diesem Versprechen nicht ganz treu geblieben. Ich habe das Erscheinen von Pierre Chartiers Textsammlung zum Anlass genommen, in der Herbstnummer 2007 der Zeitschrift *Monde chinois* nochmals auf Julliens Arbeit zurückzukommen. Der Form nach handelt es sich um eine Buchbesprechung, dem Inhalt nach um einen nicht ganz unwesentlichen Zusatz zu meiner anfänglichen Streitschrift. Er ist hier im Anhang wiedergegeben.

Angesichts der außerordentlicher Wirkung von Jullien fällt auf, dass sich im Ganzen wenige kritische Stimmen haben vernehmen lassen. Empfehlenswert ist die in der Zeitschrift *Merkur* 8/2014 erschienene Gesamtbeurteilung »Vereinnahmung des Anderen. Der Sinologe und Philosoph François Jullien« durch den deutschen Sinologen Kai Marchal.

I.
GEGEN FRANÇOIS JULLIEN

François Jullien möge mir den reißerischen Titel nachsehen. Ich brauchte ihn, um seine Leser anzusprechen und ihnen einige Einwände zu unterbreiten, die sich gegen seine Schriften erheben lassen. Ich habe dabei keineswegs die Absicht, mich selbst zum Richter zu erheben. Ich sehe mich als eine Partei in diesem Verfahren und will es den Lesern überlassen, sich ihr Urteil zu bilden.

François Jullien übt einen beträchtlichen Einfluss aus, sodass ihm auch eine gewisse Verantwortung zukommt. Da ich diesen Einfluss größtenteils für verhängnisvoll halte, habe ich mich darüber aussprechen wollen. »Für jeden, der eine eigene Auffassung hat, ist es nicht ein Recht, sondern eine Pflicht, ja eine strenge Verpflichtung, sie zum Wohl der Allgemeinheit zu äußern und bekanntzugeben«, schrieb Paul-Louis Courier.[1]

Paradoxerweise stellt der große Umfang von Julliens Werk für mich einen Vorteil dar:[2] Er zwingt mich dazu, mich ans Wesentliche zu halten. Dass Julliens Schriften in Ausrichtung und Methode so ein-

1 Der Hellenist und Schriftsteller Paul-Louis Courier (1772–1825) verdankt seinen Nachruhm einer Reihe scharfer Pamphlete, die er zwischen 1815 und 1824 während der Restauration gegen die Monarchie verfasste.

2 Eine Auflistung seiner Werke findet sich am Ende dieses Essays. Vgl. unten, S. 136–142.

heitlich sind, macht die Sache für mich ebenfalls leichter. Doch meine Absicht besteht nicht nur darin, mitzuteilen, was ich von seiner Arbeit halte, und meine Meinung zu begründen. Ich möchte sein Werk auch in einen weiteren Zusammenhang stellen. Denn ich bin der Ansicht, dass man es weder verstehen noch beurteilen kann, wenn man nicht sieht, welche Stellung François Jullien einnimmt oder besser: welche Strategie er in einer Partie verfolgt, in der auch ganz andere Strategien möglich sind.

CHINA

Halten wir zunächst fest, dass François Julliens gesamtes Werk auf dem Mythos von der Andersartigkeit Chinas beruht. Alle seine Bücher gründen auf der Vorstellung, dass die chinesische Welt von der unseren grundverschieden, ihr sogar diametral entgegengesetzt ist. Deshalb gilt es als Erstes herauszufinden, woher dieser Mythos stammt.

In seiner äußersten Zuspitzung ist er ziemlich jung. Der Schriftsteller Victor Ségalen scheint mir bei der Herausbildung seiner heutigen Gestalt eine bedeutende Rolle gespielt zu haben. Als er im Jahr 1908 Chinesisch zu lernen beginnt, um sich als angehender Dolmetscher der französischen Marine nach Peking zu begeben, schreibt er einem seiner Korrespondenten, dass er mit dem »antipodischsten aller Stoffe« ringe. Das ausgehende Kaiserreich wird für ihn zum »Anderswo« schlechthin, das ihn umso mehr fasziniert, als es undurchdringlich scheint. Er gesteht, dass die Exotik, aus der er sich eine Philosophie zimmert, eine Sache der Einbildungskraft ist: »Letztlich suche ich hier nicht China«, schreibt er aus Peking, »sondern eine Vision Chinas.« Ségalen hat von 1909 bis 1914 in Peking und in Tianjin gelebt. Marcel Granet hielt sich von 1911 bis 1913 in Peking auf. Ob sie sich dort begegnet sind, weiß ich nicht; ich habe jedoch den Eindruck, dass sie sich in geistiger Hinsicht nahestanden. Um das »institutionelle Fundament« der chinesischen Gesellschaft freizulegen, studierte Granet als Sinologe und Soziologe die ältesten Dokumente aus dem Korpus der kanonischen Schriften des Konfuzianismus, insbesondere das »Buch der Gedichte«, über das er 1919 promovierte.[3] Er nahm sich vor, die absolute Originalität dieses »institutionellen Fundamentes« aufzuzeigen, und verbat sich daher jede Form von Komparatismus.[4] Seine Werke bestechen durch bemerkenswerte Anschaulichkeit und große Ausdruckskraft, sodass sie, und insbesondere *Das chinesische Denken*[5], viele Leser stark beeindruckt und die Idee verbreitet haben, dass die chinesische Welt seit jeher ganz eigenen Gesetzen gehorche. Seine Methode wurde später angefochten, bedeutende archäologische Funde veränderten den Quellenstand, aber sein Werk faszinierte

3 Vgl. Marcel Granet, *Fêtes et chansons anciennes de la Chine* (1919), Albin Michel, Paris 1982.

4 Vgl. diesbezüglich beispielsweise Louis Gernets Vorwort zu Marcel Granets Werk *Etudes sociologiques sur la Chine* (P.U.F., Paris 1953). Vgl. auch den Artikel von Maurice Freedman in der Zeitschrift *Critique*, Nr. 337, Juni 1975.

5 *Das chinesische Denken. Inhalt, Form, Charakter.* Übers. von Manfred Porkert, Suhrkamp, Frankfurt am Main 1985 [1934].

weiterhin viele Leser und erweckte manche sinologische Berufung. Im Deutschen entfaltete der zum Sinologen gewordene Missionar Richard Wilhelm durch die sprachliche Macht seiner Übersetzung des *Buchs der Wandlungen* (1924) eine vergleichbare Wirkung. Diese Übersetzung verankerte in der öffentlichen Meinung die Vorstellung von einer Welt, die zur unseren in diametralem Gegensatz stand. In jüngerer Zeit hat Pierre Ryckmans[6] immer wieder behauptet, dass China den »Gegenpol der menschlichen Erfahrung« darstelle. »China ist das fundamental Andere; ohne Begegnung mit diesem Anderen kann sich das Abendland nicht richtig der Umrisse und Grenzen seines kulturellen Ichs bewusst werden«, schreibt er in seiner Einleitung zu den *Stelen* von Victor Ségalen.[7] Jullien schließt sich dieser Tradition an, da er uns in seinen Büchern unablässig erklärt, dass das »chinesische Denken«, das er auch »Literatendenken« (*pensée lettrée*) nennt, die Kehrseite unseres eigenen Denkens bilde.

Doch der Mythos selbst ist viel älter. Er entstand im 18. Jahrhundert, als Voltaire und andere »Philo-

6 Pierre Ryckmans alias Simon Leys (1935–2014), ein belgischer Sinologe, Übersetzer und Essayist, hat sich in den französischsprachigen Ländern nicht zuletzt dank seiner unnachgiebigen Kritik der Kulturrevolution einen Namen gemacht. Vgl. insbesondere *Les Habits neufs du Président Mao* (Des Präsidenten Maos neue Kleider), Champs Libre, Paris 1971.

7 Vgl. Victor Ségalen, *Stèles*. Présentation de Simon Leys, La Différence, Paris 1989.

sophen« China zum Kehrbild des Regimes machten, das sie bekämpften. In China, so behaupteten sie, gäbe es keine absolutistische Willkür, keine maßlosen Privilegien, keinen Klerus, der im Namen einer Offenbarung die Vernunft bekämpft und diese Privilegien rechtfertigt – sondern ganz im Gegenteil aufgeklärte Herrscher und, in ihrem Dienste, philosophisch gebildete Literaten, die aufgrund ihrer persönlichen Eigenschaften auserwählt werden und den Geboten einer Vernunftreligion, der des Konfuzius, folgen. Jullien hat diesen Mythos neu belebt, indem er ihm eine gelehrte Form verlieh – und dessen politische Bedeutung verschleierte. Eben diese Verschleierung ist es aber, die den Erfolg seiner Bücher in Frankreich wenigstens teilweise erklärt. Denn die meisten französischen Intellektuellen identifizieren sich mit der Universität und den »Grandes Écoles«, anders gesagt mit dem weltlichen Mandarinentum, das die Dritte Republik als Gegenstück zur katholischen Hierarchie errichtet hat. Dieses französische Mandarinentum gründet sich wiederum auf dem Erbe Napoleons und der Aufklärung. Der Mythos vom »China der Philosophen« gefällt den französischen Intellektuellen, weil er das imaginäre Gegenstück zur republikanischen Elite bildet, die sie in ihrer Vorstellung selbst verkörpern. Durch seinen Wortgebrauch und seine Themenwahl bestärkt Jullien sie in dieser Illusion – insbesondere durch die Art und Weise, in der er von den »Literaten« (lettrés) spricht, als wären sie durch die Jahrhunderte hindurch gemeinsam die Verkörperung des »chinesischen Denkens« gewesen, aber auch durch das Thema der Abwesenheit jeglicher »Transzendenz« im besagten »chinesischen Denken«, das in allen seinen Büchern wiederkehrt.

Doch der eigentliche Ursprung des Mythos liegt noch weiter zurück. Die Ironie der Geschichte will es, dass sich Voltaire und die anderen chinafreundlichen Philosophen seiner Zeit auf eine Vorstellung von China stützten, die das Werk ihrer Erzfeinde war: der Jesuiten. Die (meist französischen) Jesuiten erwarben sich unzweifelhaft große Verdienste, indem sie den gelehrten Kreisen Europas ihr Wissen über China vermittelten, doch darf man nicht vergessen, dass sie dabei stets eigene Ziele verfolgten. Sie wollten die Politik rechtfertigen, der der Orden Jesu dort gefolgt war. Sie hatten sich zum Ziel gesetzt, die Macht des Kaisers zu nutzen und das Reich von oben zu bekehren. Deshalb rückten sie die chinesischen Herrscher und deren Regierungen sowie das Mandarinentum, das das Reich verwaltete, und den Konfuzianismus, der die Gedankenwelt der Mandarine bildete, in ein vorteilhaftes Licht. Und sie taten dies mit großer Wirksamkeit. Maßgebend war vor allem Père Jean Baptiste du Halde, der die Veröffentlichung der berühmten *Lettres édifiantes et curieuses écrites des missions étrangères par quelques missionnaires de la Compagnie de Jésus* (34 Bände, erschienen zwischen 1703 und 1776) genau überwachte.[8] Nicht alle Denker des

8 In einem im Jahre 2003 an der Académie des Inscriptions et Belles-Lettres gehaltenen Vortrag hat Jacques

18. Jahrhunderts waren wie Voltaire oder wie Leibniz ein Jahrhundert zuvor begeisterte Chinaverehrer, aber alle haben sich auf das China berufen, dessen Bild die Jesuiten geliefert hatten. Die Jesuiten sind somit die Autoren dieses »andersartigen« Chinas, das uns laut Jullien »zu denken gibt« und das er uns in neuer Gestalt vorlegt.

Wir müssen aber noch einen weiteren Schritt in die Vergangenheit tun, denn die Jesuiten haben nichts erfunden. Sie haben sich damit begnügt, eine Vorstellung von China und dessen Institutionen und Geschichte, die in China selbst vorherrschte, ihren eigenen Zwecken anzupassen. Sie haben sie von den hohen Beamten, den Gelehrten und Literaten, die dort ihre bevorzugten Gesprächspartner waren, übernommen. Sie haben deren Gedankenwelt dem gelehrten Europa übermittelt und sich dadurch einen hervorragenden Verdienst erworben – was nicht heißt, dass wir diese Vorstellung kritiklos hinnehmen müssen. Die Gesprächspartner der Jesuiten waren gebildete, ja oft gelehrte Leute, aber es waren Mandarine, das heißt hohe Staatsdiener und An-

Grenet nachgewiesen, dass diese redaktionelle Aufsicht des Ordens über die Veröffentlichung der Missionsberichte aus China schon sehr früh begonnen hat. Vgl. »*Della Entrata della compagnia di Giesù e christianità nella Cina* von Matteo Ricci (1609) und die Umarbeitungen im Zuge der lateinischen Übersetzung (1615).« Der Pater Trigault war der erste, der in seiner lateinischen Übersetzung des Werks von Matteo Ricci »letterati« oder »mandarine letterati« mit »Philosophen« übersetzte.

gehörige der herrschenden Klasse. Es ist *ihre* Weltanschauung, die von den Jesuiten ausgelegt und an das europäische Publikum angepasst wurde, die Voltaire und andere Philosophen des 18. Jahrhunderts zu einem Kehr- und Vorbild erhoben haben, und die den Grundstock des chinesischen Mythos bildet, der heute noch in der öffentlichen Meinung vorherrscht. Wir stehen hier vor einem weitreichenden ideologischen Phänomen, dessen Widerhall sich über die Jahrhunderte von einem Ende der alten Welt zum anderen fortsetzt.[9] So erklärt sich François Julliens Erfolg: Er gefällt, weil er tief eingesessene Vorstellungen bekräftigt und sie zudem in sinologisch wie philosophisch gelehrter Spielweise vorträgt.

Um dieses weitreichende ideologische Phänomen wirklich zu verstehen, müssen wir aber bis zu seiner Quelle vordringen, bis zum Augenblick seiner Entstehung: bis zur Reichsgründung selbst.

9 Man sollte bedenken, dass die einzige Informationsquelle zur chinesischen Geschichte, über die Europa im 19. Jahrhundert verfügte, die *Histoire générale de la Chine* des Jesuitenpaters Mailla war, die zwischen 1777 und 1783 erschienen war, eine Adaptation des *Tongjian gangmu*, einem Abriss chinesischer Geschichte, der im 12. Jahrhundert für kaiserliche Verwaltungsbeamte zusammengestellt und im Laufe der Zeit ergänzt worden war. Hegel stützte sich einzig und allein auf dieses Werk, als er behauptete, dass China nie eine wirkliche Geschichte besessen habe. Die Folgen dieses Urteils sind auch heutzutage noch zu spüren.

Es sei daran erinnert, dass das chinesische Reich nach einer Folge grausamer Kriege von Qin Shihuang, dem »Ersten Kaiser der Qin«, im Jahr 221 vor unserer Zeitrechnung gegründet wurde und dass die Gewalt, aus der die neue Macht hervorging, sich schließlich gegen diese selbst richtete; fünfzehn Jahre später fiel sie dem Chaos anheim. Die Aufständischen, die ihren Niedergang herbeiführten und danach mit riesigen Heeren gegeneinander Krieg führten, verfolgten verschiedene Ziele. Nach einigem Zögern machten sich die Sieger die neue Reichsidee zu eigen und gründeten im Jahr 202 die zweite kaiserliche Dynastie, die Han-Dynastie.[10] Ihre erste Sorge war, das Schicksal der ersten Dynastie zu vermeiden und der ihren Dauer zu verleihen. Das ist ihnen in einer Weise gelungen, die alle ihre Erwartungen übertroffen hat, denn die Han-Dynastie währte vier Jahrhunderte lang, von 206 vor bis 220 nach unserer Zeitrechnung. Doch die Han-Kaiser und ihre Berater haben mehr erreicht als nur dies, denn das Reich selbst währte mehr als zwei Jahrtausende. Ihnen ist es zu verdanken, dass aus dem maßlosen Wahn des Ersten Kaisers, der eine fol-

10 Die Verkettung dieser denkwürdigen Ereignisse wird in den *Mémoires historiques* von Sima Qian (um 135–95) geschildert. Nebenher bemerkt, dieses große Werk, ein Meisterwerk der Geschichtsschreibung, und ein literarisches Meisterwerk dazu, verdiente um einiges mehr, in der *Bibliothèque de la Pléiade* zu figurieren als das unselige *Huainanzi*, von dem weiter unten noch die Rede sein wird.

genlose Verirrung hätte bleiben können, das Gründungsmoment der gesamten kaiserlichen Geschichte wurde.

Dieser Sachverhalt muss bedacht werden. Die Geschichtsschreiber sehen den Grund für diesen außerordentlichen Erfolg in der militärischen, administrativen, institutionellen und rituellen Ordnung, wie die Han sie zu errichten vermochten und die tatsächlich in ihren Grundzügen bis zum Ende des Kaiserreichs zu Beginn des 20. Jahrhunderts bestand. Das eigentliche Geheimnis dieses Erfolges hingegen, das die Historiker nicht sehen oder nicht hinreichend verstehen, besteht darin, dass jene Kaiser, ihre Berater und ihre Beamtenschaft die gesamte Kultur instrumentalisiert, ja völlig umgestaltet haben, um sie zur Grundlage der neuen Ordnung zu machen. Die Gewalt und die Willkür, aus denen das Reich hervorgegangen war und auf die es sich weiterhin stützte, mussten aus dem Bewusstsein verschwinden. Die neue Ordnung musste den Anschein erwecken, dass sie mit der Ordnung der Dinge im Einklang stand. Alles musste der Idee dienen, dass die kaiserliche Ordnung den Gesetzen des Universums entsprach, seit den Anfängen und für alle Zeit und Ewigkeit. Das gesamte Wissen, das Denken, die Sprache, die Gesamtheit der Vorstellungen mussten dazu beitragen, in allen Köpfen die Überzeugung zu festigen, dass diese Ordnung ihrem Wesen nach die *natürliche* Ordnung sei. Dies war das wirksamste Mittel, dem Reich und seinen Hierarchien, seinen Herrschaftsformen und der Unterwerfung, die sie forderten, Dauer zu verleihen. Aus dieser durchgreifenden Umgestaltung ging hervor, was die Chinesen selbst seither als *die chinesische Zivilisation* angesehen haben – und was auch noch heutzutage, in China und andernorts, als solche angesehen wird. Die vorkaiserliche Vergangenheit wurde dabei so grundlegend uminterpretiert, dass sie zum integralen Bestandteil der neuen Ordnung wurde.

Diese Synthese ist bewundernswert, denn sie hat über zwei Jahrtausende bestanden und dabei alle Krisen, die die kaiserliche Ordnung gekannt hat, alle Herausforderungen, denen sie begegnen musste, alle tiefgreifenden gesellschaftlichen Umwälzungen, an die sie sich anzupassen hatte, überstanden. Sie ist bewundernswert, aber man darf nicht übersehen, dass sie ein Produkt der kaiserlichen Macht war, dass ihre hauptsächliche Aufgabe darin bestand, das Wesen dieser Macht zu verschleiern und jegliche Alternative zum Despotismus undenkbar zu machen. Und man sollte sich darüber im Klaren sein, dass *alles, was heutzutage als spezifisch chinesisch gilt*, zumal im Bereich des Denkens, diesem System angehört.

Man wird mir entgegenhalten, dass diese These viel zu allgemein sei, um für das Verständnis der Vergangenheit hilfreich zu sein. Auf diesen Einwand antworte ich, dass eine Idee dieser Art notwendig ist, wenn wir über die Vorstellung, die wir von China haben, eine kritische Reflexion führen wollen – und wenn wir verstehen wollen, was im heutigen China vor sich geht. Denn diese These erhellt das Heute mehr noch als die Vergangenheit.

Nach dem Zusammenbruch des Reichs im Jahr 1911 mussten sich die Intellektuellen, die Politiker und die eben entstehende chinesische Öffentlichkeit fragen, wie sie sich zum alten System stellen sollten. Seither ist diese Frage stets aktuell geblieben. Sie nährte einen wesentlichen Teil der Debatten, die in China im 20. Jahrhundert ausgefochten wurden, und ist heute zentral. Im Lauf der Zeit haben sich verschiedene Standpunkte herausgebildet, die sich bald mehr oder minder heftig bekämpften, bald in unterschiedlichem Ausmaß miteinander vereinigt haben. Die erste Position ist die der *radikalen Ikonoklasten*, die zu Beginn des 20. Jahrhunderts die chinesische Zivilisation völlig verwarfen, weil ihrer Auffassung nach die kaiserliche und patriarchalische Macht, die sie verabscheuten, dieser Zivilisation wie angeboren war.[11] Die zweite Strömung ist die der *kritischen Intellektuellen*. Ihnen zufolge war der tiefgreifenden Wirkung, die das alte System weiterhin im Denken ihrer Landsleute ausübte, nur beizukommen, wenn es gelänge, so genau wie möglich die Entstehung des Systems und seine Funktionsweise zu verstehen, wozu unter anderem erforderlich war, dessen Ent-

11 Beispiel: Chen Duxiu (1880–1942), Begründer der Zeitschrift *Neue Jugend* in Shanghai im Jahr 1915, einer der bedeutendsten Ideengeber für die Protestbewegung »vom 4. Mai 1919«, später dann, von 1921–1927, der erste Generalsekretär der Kommunistischen Partei.

stehungsgeschichte zu rekonstruieren.[12] Andere wiederum waren hauptsächlich darum bemüht, die chinesische Identität neu zu definieren, um es ihrem Land zu ermöglichen, sich zu verwestlichen, ohne sich dabei selbst zu verleugnen, oder um es in der Not zu mobilisieren, beziehungsweise seine heutzutage wiederhergestellte Macht historisch zu begründen. Sie unternahmen es, die chinesische Identität als ein Gegenstück zu einer vermeintlichen abendländischen Identität zu definieren. So haben Feng Youlan[13] und andere Philosophen aus der ersten Hälfte des 20. Jahrhunderts aus dem reichen Erbe ihrer Tradition eine »Geschichte der chinesischen Philosophie« zusammengestellt, die das Pendant zur »Geschichte der abendländischen Philosophie« bilden sollte. Vergleichbares wurde auch in anderen Bereichen geleistet. Dies ist die dritte Position, die wir als *komparatistisch* bezeichnen möchten. Die vierte Position ist ein »Zurück zu den Quellen«, die Apologie einer idealisierten Form des alten Systems. In ihren extremen Ausprägungen betrachtet sie die ge-

12 Beispiel: Gu Jiegang (1893–1980), Historiker, der in seinen *Fragen zur Geschichte des Altertums* (in Pinyin: *Gushibian*), die ab 1927 in sieben Bänden erschienen, unter anderem die alten Gründungsmythen des Reichs untersuchte.

13 Feng Youlan (1895–1995) war der Verfasser der ersten großen allgemeinen Geschichte der chinesischen Philosophie, die zwischen 1931 und 1934 auf Chinesisch erschien, und bereits 1937 in englischer Übersetzung. Eine Neuauflage erschien 1952 bei Princeton University Press.

samte »chinesische Kultur« letztlich als eine einzige, unvergleichbare, unaussprechliche Wesenheit. Wir können sie die *puristische* Position nennen.[14] Diese große Problematik nährt seit mehr als einem Jahrhundert leidenschaftlich geführte Auseinandersetzungen, aber auch ein Frustrationsgefühl, weil es so schwierig scheint, zu Lösungen zu gelangen.

Diese Positionen haben politische Implikationen, die in der heutigen Debatte sichtbar werden. Die Vertreter der kritischen Reflexion über die Vergangenheit beziehen Stellung für die politischen Freiheiten und die Demokratie. Die Komparatisten sind weniger entschieden; sie fügen sich leichter in das gegenwärtige System ein. Die Vertreter eines »Zurück zu den Quellen« dienen den konservativen Kräften. Einige tun es vielleicht unwillentlich; andere arbeiten ganz bewusst an der Aufrechterhaltung einer traditionellen Auffassung von Staat und Macht. Doch die

14 Beispiel: Qian Mu (1885–1990), der ein großer Pädagoge war, hat sich stets darum bemüht, seinen Studenten und Lesern zu vermitteln, was er für das Wesentliche an der philosophischen, moralischen und politischen Tradition Chinas hielt. Nach 1949 hat er sich dieser Aufgabe in Hong Kong, später dann in Taiwan gewidmet. Seit einigen Jahren wird er im kontinentalen China viel gelesen. Ich führe ihn hier nach einigem Zögern auf, denn er war eher Pädagoge denn Ideologe. Der Purismus kommt seit einigen Jahren um Vieles heftiger zum Ausdruck, beispielsweise in *Der politische Konfuzianismus* (*Zhengzhi ruxue*) von Jiang Qing, erschienen in Peking, im Jahr 2003, im Verlag Sanlian.

Diskussionen sind verworren, weil die Stellungnahmen oft zweideutig sind und verschiedenen, mitunter unvereinbaren Auffassungen von der Vergangenheit entspringen.

Ich möchte hier beispielhaft zwei Standpunkte anführen, die sich durch ihre Klarheit und Kohärenz auszeichnen. Zunächst das puristische Glaubensbekenntnis von Mu Zhongjian, einem Professor der Philosophie in Peking, dem eine Art Offenbarung zuteil wurde, als er in Südkorea einen lebendigen Konfuzianismus entdeckte, wo er eine Art patriarchalischen Humanismus bildet. Sein Plädoyer ist in der sehr gut geführten Zeitschrift *Erkundung des Weges* (*Yuan Dao*) erschienen,[15] die von der Universität Peking verlegt wird und für eine Rückkehr zur konfuzianischen Überlieferung eintritt. Das Manifest trägt den Titel *Der Große Chinesische Weg* (*Zhonghua Da Dao*) und ist in einer feierlichen klassischen Prosa verfasst, einer Art Latein. Ich zitiere hier den Anfang, in einer Übersetzung freilich, die leider den besonderen Pathos dieser Prosa kaum wiedergibt:

> Seit der *Erkundung des Weges* von Han Yu[16] und der *Neuen Erkundung des Weges* von Feng You-

[15] *Yuan dao*, Nr. 10, 2005.

[16] Gemeint ist *Yuan dao*, eine programmatische Schrift von Han Yu (768–824), der unter den Tang die entscheidenden Anstöße zu einer konfuzianischen Renaissance während der Song-Epoche im 11. und 12. Jahrhundert gegeben

> lan[17] obliegt es uns, zum Wesen der chinesischen Kultur zurückzufinden und auf diese Weise an der Wiedergeburt unserer Nation und am Fortschritt der weltweiten Zivilisation mitzuwirken. Denn der Große Chinesische Weg ist weit und sicher, tief und unsagbar. Von denen, die ihn erforschen wollten, sind manche auf halbem Wege stehengeblieben, andere haben ihn verleugnet; er aber war immer da, ganz nah. Sobald wir uns von ihm abwenden, stoßen wir auf Schwierigkeiten und das Unglück überkommt uns. Sobald wir ihm wieder folgen, gedeiht ein jegliches Ding und alle unsere Unternehmungen werden fruchtbar. Derart ist die Macht des Weges, und deshalb werden wir, die wir uns nach ihm richten, immer zahlreicher.
>
> Die abendländische Zivilisation hat ihren Höhepunkt erreicht und steht vor ihrem Niedergang. Der Große Chinesische Weg ist verdunkelt worden, nun tritt er wieder in Erscheinung. Weit und mächtig ist er, China wird er das Glück und der Welt den Frieden bringen.

Als Gegensatz zu diesem Glaubensbekenntnis möchte ich ein Werk anführen, das beispielhaft die kritische Position zum Ausdruck bringt und das wir Li Dong-

hat, als die meisten der von den abendländischen Sinologen »neokonfuzianisch« genannten Schulen entstanden.

17 Gemeint ist das *Xin Yuan dao*, ein philosophisches Werk neokonfuzianischer Eingebung von Feng Youlan.

jun verdanken, einer jungen Historikerin an der Universität Nankai in Tianjin. In dieser gelehrten Studie, die 2004 unter dem Titel *Konfuzius' Kanonisierung und die konfuzianische Revolution* erschien,[18] zeigt die Autorin, dass die Umwandlung des Konfuzius in eine erhabene Verkörperung der Autorität nicht von der Entstehung und vom Triumph des kaiserlichen Despotismus zu trennen ist und dass die »Konfuzianer«, die jene Umwandlung bewerkstelligten, zu ihrer Zeit die Geburtshelfer einer wahrhaftigen Revolution gewesen sind. Li Dongjun analysiert mit Scharfsinn die Vorstellungswelt, die sie erdachten und mit der sie die außerordentliche Dauer der kaiserlichen Herrschaft ermöglichten – die heute noch, nach dem Ende des Reiches, weiterhin das Denken der Lebenden lähmt.

Um ihren Herrschern zu dienen, errichteten, Li Dongjun zufolge, die Berater der Han-Kaiser eine Art Kult des *Einen* – des einen Prinzips, das alle Dinge hervorbringt und über alle Ding waltet und das der Kaiser in seiner Person verkörpert. Ein durch und durch hierarchisiertes System gesellschaftlicher Beziehungen sollte diese große Einheit sichtbar machen. Es sollte jedem einzelnen sowohl seinen Rang und seine klar definierte Stellung wie auch seine besonderen Pflichten zuweisen und zudem die jeweilige Tugend, die zur Erfüllung derselben erforderlich war. In differenzierter Weise verpflichtete dieses System jeden einzelnen, je nach seinem Rang und Platz,

18 Peking, Verlag der Volksuniversität.

zum Gehorsam gegenüber den höher Stehenden und erteilte ihm das Recht auf Beherrschung der tiefer Stehenden. Fundament dieses Gebäudes war das Volk (*min*), dem nur die Pflicht zum Gehorsam zukam. An der Spitze stand der Kaiser (oft *shang* genannt, das »Oben«, der »Hohe«), der nur das Recht zu herrschen besaß. Dieses System erhob einen universalen, recht eigentlich *katholischen* Anspruch.[19] Es implizierte, dass jeder in seiner besonderen Rolle für die Harmonie des Ganzen verantwortlich war und in diesem Sinne eine *totale* Verantwortung trug. Die Selbstlosigkeit zugunsten der Totalität wurde zur Pflicht für alle. Das Ich war hassenswert (*haïssable*, wie Pascal sagte). Unfügsame Individuen sollten gezüchtigt oder ausgeschlossen werden – doch die Gewalt musste möglichst unsichtbar bleiben, um der Harmonie des Ganzen nicht zu schaden: »Die scharfen Waffen des Staates darf man nicht zeigen«, sagt das *Laozi*.[20] Um die Entbindung des Souveräns von jedwedem moralischen Gesetz nicht offen zu Tage treten zu lassen, wurde er zum »Himmelssohn« erklärt, woraus sich zwei Pflichten ergaben: eine fiktive

19 *Katholisch* stammt von dem Griechischen *kat'holon* ab: »gemäß der Ganzheit«.

20 Laozi, § 36. Das Laozi ist eine Anleitung zur Kunst des unbemerkten Herrschens. Daher schien es den Kaisern immer so nützlich zu sein. Mehrere Herrscher haben Kommentare zu ihm veröffentlicht. Seine Autorität wurde noch größer, als es im 2. Jahrhundert unserer Zeitrechnung zur geweihten Hauptschrift einer Offenbarungsreligion wurde.

Kindespflicht dem »Himmel« gegenüber und auf Erden die sehr reale Aufgabe, die Totalität, sprich die kaiserliche Ordnung, zu erhalten.

Li Dongjun erzählt, wie dieses System errichtet wurde (die Quellen sind diesbezüglich eindeutig), und zeigt seine außerordentliche Kohärenz. »Konfuzianisch« wurde es, weil es einer geschichtlichen Rechtfertigung bedurfte und Gelehrte in dieser Absicht einen Korpus von Schriften bereitstellten, die zu kanonischen Schriften erklärt wurden, wobei ihre erste Abfassung Konfuzius selbst zugeschrieben wurde, der somit seinerseits kanonisiert wurde. Es bedarf kaum der Betonung, dass dieser »Konfuzianismus« mit dem Denken des Konfuzius, wie man es seinen *Gesprächen* entnehmen kann, so gut wie nichts gemein hat. Anfänglich wurden die *Gespräche* gar nicht in den Kanon aufgenommen.

Um Missverständnissen vorzubeugen, füge ich hinzu, dass sich dieses System nur langsam durchgesetzt hat. Erst zur Mingzeit (1368–1644) und mehr noch unter den Qing (1644–1911) hat es die gesamte Gesellschaft konfuzianisiert. Doch es hat sich nach und nach derart im Denken verankert, dass sich keine grundsätzlich verschiedene Vorstellungswelt mehr herausbilden konnte, solange das Kaiserreich bestand – und dies ist der entscheidende Punkt. Der Buddhismus enthielt eine gewisse Kritik der Verabsolutierung der gesellschaftlichen Rollen, was ihm die beständige Feindseligkeit seitens der konservativsten konfuzianischen Gelehrten der Song, Ming und Qing eintrug. Im Großen und Ganzen hat alles, was wir heute für die »chinesische Zivilisation« halten, diesem System angehört. Alle intellektuellen Strömungen der Kaiserzeit haben es verteidigt oder zumindest hingenommen; alle Versuche, es in Frage zu stellen, waren erfolglos.[21] Die Sinologen wundern sich manchmal, dass die Chinesen nie andere politische Regime als die Monarchie gekannt haben, und fragen sich, wie ein solcher Mangel zu erklären sei. Damit ist die Frage aber falsch gestellt. Wir müssen als einen *positiven* Sachverhalt anerkennen, dass die chinesischen Denker und Staatsmänner der beginnenden Kaiserzeit sowie jene, die vor ihnen die Reichsgründung vorbereitet haben, das monarchische Prinzip verabsolutiert und es in dieser Form zum Fundament des gesamten späteren chinesischen Denkens gemacht haben.

[21] Vgl. zu dieser Ohnmacht zum Beispiel *The Trouble with Confucianism* von Wm. Theodore de Bary (Harvard University Press, 1991). Dieser amerikanische Sinologe, ein Pionier in der Erforschung der Geschichte des Konfuzianismus, kommt am Ende seines Lebens zu dem Schluss, dass es ihm unmöglich gewesen ist, im Konfuzianismus auch nur die geringste Spur eines Gedankens ausfindig zu machen, der auf die Demokratie hinführen könne. Man findet die Sorge um das *Volk*, gewiss, aber niemals ein anerkanntes Recht des Volkes oder, noch konkreter, der *Person* als solcher. Die Ergebenheit oder die Tapferkeit einzelner großer Konfuzianer haben daran nichts geändert. Ein Konfuzianer ist immer schon, aus Berufung, ein Berater des Herrschers. Diese Rolle kann er nur ablegen, wenn er den Konfuzianismus hinter sich lässt.

Li Dongjun erläutert im Schlusskapitel ihres Buchs, wie die gesamte intellektuelle und politische Geschichte des 20. Jahrhunderts vom Konflikt zwischen dem Willen, sich von diesem System loszusagen, und dem Bestreben, es in der einen oder anderen Form zu bewahren, geprägt wurde. Dieser Konflikt dauert weiterhin an, sagt sie, weil wir bis heute geglaubt haben, ihn einfach durch andere ideologische Systeme ersetzen zu können. Zu einem wirklichen Fortschritt wird es erst kommen, wenn wir endlich dem *Individuum* den Vorrang geben – wenn wir setzen, dass es *erstens* autonom ist (es nicht darauf angewiesen ist, dass andere an seiner Stelle denken); dass es *zweitens* dazu berufen ist, sich selbst zu bestimmen (es gibt keine allgemeingültige Definition des Individuums); und dass zu dieser Selbstbestimmung *drittens* die politischen Freiheiten notwendig sind. Erst wenn wir nach diesen Grundsätzen handeln, so der Schluss der Historikerin, werden wir uns endlich vom überlieferten System lösen. Dann erst werden wir es auch wirklich verstehen und es einer wirklichen Kritik unterziehen können. Solange wir dies nicht tun, werden sich unsere Diskussionen weiterhin endlos im Kreis drehen.

Heute muss eine solche geistige Unabhängigkeit – anders als die neokonfuzianischen Glaubensbekenntnisse – diskret bleiben. Und doch wurde Li Dongjuns Werk von der Volksuniversität Peking (*Renmin daxue*) veröffentlicht, in einer vom Bildungsministerium geförderten Schriftenreihe, in der bereits zwölf andere nicht weniger solide und kühne Bände erschienen sind. Ich hätte eine Vielzahl weiterer treffender Analysen erwähnen können, die während der letzten Jahre andernorts in China veröffentlicht wurden und deren politische Tragweite nicht weniger auf der Hand liegt, auch wo sie implizit bleibt.[22] Der Krieg, den sich die Verfechter der Kritik mit den Anhängern eines »Zurück zu den Quellen« liefern, dauert an. Heutzutage hört man aber mehr und mehr den Chor der Letzteren. In China herrscht die dicke Luft der Restauration. In Peking wurde der »Tempel der Herrscher aller Zeiten« (*Lidai diwang miao*)[23], die Gedenkstätte der dynastischen Kontinui-

22 Ich habe einer dieser Studien in meinem »Bref essai sur l'histoire chinoise« (»Kurzer Versuch zur chinesischen Geschichte«), dem zweiten Teil von *Chine trois fois muette* (Allia, 2000 – »China dreimal stumm«) wertvolle Anregungen entnommen (vgl. ebd., S. 118 f.) Das Werk von Liu Zehua verdient hier besondere Erwähnung. Dieser Professor an der Universität Nankai in Tianjin hat seit 1980 ein neues Forschungsfeld zur Sozial- und Geistesgeschichte der Macht in China erschlossen und ist der Herausgeber der eben angeführten Schriftenreihe. Er hat junge Historiker ausgebildet, die seine Forschungen fortführen, unter ihnen Li Dongjun. Hoffentlich werden die Werke von Liu Zehua und die seiner Schüler eines Tages ihren Weg nach Europa finden.

23 Dieses imposante Bauwerk aus der Ming-Epoche (1530), dessen Existenz die Einwohner Pekings fast vergessen hatten, befindet sich westlich des kaiserlichen Palastes. Seine Bewachung macht deutlich, dass es als eine höchst offizielle Gedenkstätte angesehen wird. Roger Darobers berichtet mir, dass die Gedenktafel für Qin Shihuang,

tät, kostspielig restauriert und im Jahr 2004 für Besucher geöffnet. Es ist dies ein finsteres Anzeichen. Gefeiert wird dort der Mythos des *einen* China, das sich in seiner absoluten Besonderheit zeitlos selbst gleich bleibt.

Nach diesen Ausführungen kann ich Julliens Standort bestimmen. Ich kann nun zeigen, welche Stellung er auf dem Spielbrett bezogen hat und welchen Schachzug er mit seinem Werk in der Partie ausführt. Es ist ein doppelter Zug. Er hat die Auffassung des »chinesischen Denkens« übernommen, die die chinesischen Intellektuellen der komparatistischen Strömung entwickelt haben, um es dem »abendländischen Denken« entgegenzusetzen. Ihrem Vorbild folgend hat er große Gegensätze zwischen »chinesischem« und »abendländischem Denken« aufgestellt. Dazu hat er insbesondere aus den Werken von zwei Denkern geschöpft: von Xu Fuguan (1903–1982 in Taiwan gestorben) und von Mou Zongsan (1909–1995 in Taiwan gestorben), zwei großen Gelehrten und angesehenen Lehrern, die zwar demokratisch gesinnt, aber in anderer Hinsicht sehr konservativ waren. Mou Zongsan, der Kant übersetzt hat und selbst Philosoph war, hat eine beeindruckende Synthese des traditionellen chinesischen Denkens erschaffen. Der Überlegenheit, die er dem abendländischen Denken

den Reichsgründer, durch Abwesenheit glänzt. Die Anfänge des Reichs werden ausgespart, die Gewalt wird geleugnet.

(das er dem kantischen Denken gleichsetzt) im Bereich der Erkenntnis zuerkennt, setzt er die für ihn entscheidende Überlegenheit des chinesischen Denkens im Bereich der Weisheit entgegen – einer Weisheit, die nicht der Reflexion, sondern der reinen Intuition entspringt und sich in den vollkommenen Handlungen des Weisen offenbart. François Jullien hätte uns diese beiden Denker vorstellen können; er hätte uns über ihre Bedeutung und ihre Schwächen aufklären können; er hätte untersuchen können, warum sie heute in intellektuellen Kreisen in Taiwan auf so große Beachtung stoßen und auch in China selbst viele begeisterte Verehrer finden. Doch er zog es vor, aus ihren Werken zu schöpfen, ohne seinen Lesern darüber Auskunft zu erteilen, was er ihnen entlieh. So hat er begonnen, auf verschiedenen Gebieten das klassische griechische Denken dem entgegenzusetzen, was er das »Denken der Literaten« (la pensée des lettrés) nennt. Ersteres gilt ihm als das Fundament des abendländischen Denkens überhaupt, letzteres als das »chinesische Denken« schlechthin. Mit diesem von Werk zu Werk wiederholten Schachzug erweckt er den besonders in Frankreich so klangvollen Mythos vom »China der Philosophen«, das als Spiegelbild und Gegenstück zur eigenen Welt das schlechthin Andere darstellen soll, zu neuem Leben. Das Bild Chinas, das Jullien vermittelt, entspringt einem außerordentlichen Spiel von Spiegelungen und Widerspiegelungen.

Indessen beruft er sich auf einen Komparatismus, der ihm eigen ist und dessen Programm er schon oft formuliert hat. China, so sagt er im Wesentlichen, offenbart einen der Wege, die das Denken einschlagen kann, und lässt im Kontrast dazu den Weg deutlich werden, den unser Denken eingeschlagen hat. Die Grundsatzentscheidungen, die das chinesische Denken in seiner Gesamtheit bestimmen, führen uns diejenigen vor Augen, die das abendländische Denken ausgeprägt haben. Jullien schlägt uns vor, einen »Umweg über China« zu beschreiten, um danach desto besser auf uns selbst blicken zu können. Da die intellektuelle Welt Chinas den Gegenpol zur unseren bilde, könne kein anderer Umweg eine größere Entfremdung bewirken und eine distanziertere Sicht auf unsere eigene intellektuelle Tradition versprechen. So lautet das Postulat. Man kann François Jullien nicht absprechen, dass er großes Aufsehen erregte, insbesondere bei den Sinologen, als er sein Programm verkündete und sich an dessen Verwirklichung machte, 1985 mit *La valeur allusive*, 1989 mit *Procès ou création*, in meinen Augen seinen gelungensten Werken.

In *Procès ou création*, der Matrix aller seiner späteren Bücher, stellt Jullien zwei Weltanschauungen einander entgegen. Der Gedankengang ist im Wesentlichen folgender: Für die Chinesen hat die Welt weder Anfang noch Ende und wandelt sich nach immanenten Gesetzen im Rahmen eines Prozesses (*Dao*), den der Mensch bis zu einem bestimmten Punkt erkennen kann, weil er daran teilhat. In unserer Tradition hingegen wurde die Welt lange Zeit als das Erzeugnis eines Schöpfungsaktes Gottes oder einer anderen ursprünglichen Instanz aufgefasst und folgte somit Gesetzmäßigkeiten, die ihr von außen auferlegt waren. Gewiss steckt in dieser Gegenüberstellung etwas Wahres, doch Jullien errichtet auf ihrer Grundlage einen allgemeingültigen Gegensatz, der als solcher nicht haltbar ist. Die Asymmetrie, die er uns vorlegt, verdeckt eine tiefer liegende Symmetrie. Als Vertreter des chinesischen Denkens wählt er Wang Fuzhi (1619–1692)[24], stellt in brillanter Weise die Ideen dieses Philosophen dar und erweist damit den Sinologen und einem breiteren Publikum einen bedeutenden Dienst. Er hätte sich noch verdienter gemacht, wenn er gezeigt hätte, gegen wen sich Wang Fuzhi richtete, was der Antrieb seines Denkens war und in welch dramatischer Epoche er lebte. So hätte er möglicherweise einen historisch schlüssigen Vergleich zwischen Wang Fuzhi und diesem oder jenem abendländischen Denker ziehen können, zum Beispiel mit Montesquieu. Aber er hat sich an Wang Fuzhis Ideen gehalten und sie als simple Abwandlung dessen vorgestellt, was er begann, das »Denken der Literaten« (la pensée des lettrés) zu nennen – wovor sich jeder andere Sinologe gehütet hätte. Fortan sprach er von den Literaten, als handele es sich um eine zeitlose Zunft, die sich seit Konfuzius bis in die jüngste Vergangenheit immer gleich geblieben sei. Seit dem 18. Jahrhundert, der seligen Epoche, in der

24 Jacques Gernet hat ihm kürzlich ein bedeutendes Werk gewidmet: *La Raison des choses. Essais sur la philosophie de Wang Fuzhi* (1619–1692), Gallimard, Paris 2005.

man über die »Himmlischen«[25] philosophierte, hatte das niemand mehr getan. So hat er die bemerkenswerte Persönlichkeit Wang Fuzhis in ein farbloses Wandgemälde eingereiht, in dem sich ein gespenstisches »abendländisches Denken« griechischen Ursprungs und ein »Literatendenken«, das für sich allein das »chinesische Denken« bilden soll, gegenüberstehen.[26]

Seither ist er in dieser Richtung fortgefahren. *Procès ou création* enthielt einen reichhaltigen Stoff, den er auf fragwürdige Weise behandelt hat. In allen seinen späteren Werken hat er Gegensätze entworfen, die sich mehr oder weniger mit dem ursprünglichen Gegensatz decken. Jullien hat sich damit begnügt, den Stoff, den ihm die chinesische Vergangenheit bot, in diesem Sinne auszuwerten, sodass ich mich in der Folge auf Bemerkungen zur Methode beschränken kann. Dass dieser Stoff mit der Zeit immer spärlicher wurde und sich letztlich in nichts aufzulösen drohte, spielt hier keine Rolle.

25 Als die »Himmlischen« (les célestes) werden die Einwohner des »céleste empire«, des chinesischen Kaiserreiches, bezeichnet.

26 Diese Sichtweise habe ich in einer langen Rezension ausführlich dargelegt, die in der Zeitschrift *Etudes chinoises* (Nr. 9/1, 1990, S. 95–127) erschienen ist. Eine mich nicht überzeugende Antwort von François Jullien erschien in der folgenden Ausgabe (Nr. 9/2, 1990, S. 139–149). Unsere Auseinandersetzung hat nicht erst gestern begonnen.

Wie es in Frankreich seit dem 18. Jahrhundert üblich war und wie es die chinesischen Intellektuellen der komparatistischen Richtung des 20. Jahrhunderts taten, denen er im Großen und Ganzen folgt, setzt Jullien *a priori*, dass das Abendland und China in ihrem Denken zwei nicht nur verschiedene, sondern einander entgegengesetzte Welten bilden. Wie jene Intellektuelle stellt er die Geschichte dieser beiden Welten so dar, dass sich der Beweis seiner Ausgangshypothese von selbst ergibt. Dieses Vorgehen führt stets zum selben Ergebnis – sowohl in China selbst als bei Jullien und allen, die in seine Fußstapfen treten. Sie wählen sich die Elemente aus, die ihrer Beweisführung dienlich sind, und interpretieren sie so, wie es ihre Hypothese verlangt. Die Willkür ihrer anfänglichen Auswahl wird am Ende von der Einheitlichkeit ihres Diskurses verdeckt. Sie verschweigen andere Wahlmöglichkeiten, die sie hätten erwägen können und die ganz im Gegenteil Analogien, Überschneidungen und Gemeinsamkeiten offenbart hätten – und folglich auch Zugangsmöglichkeiten, Wege zum Verständnis. Sie schweigen sich darüber aus, obwohl solche Möglichkeiten der Öffnung und des Übergangs zahlreich sind – oder sie sehen diese Möglichkeiten nicht. Im Allgemeinen kennen die chinesischen Intellektuellen die Theologie nicht, wissen nichts über ihre Stellung in der Geschichte des abendländischen Denkens, über ihre bald offenen, bald verschwiegenen Beziehungen zur Philosophie, was ihren Horizont beträchtlich einschränkt. Noch bis vor kurzem waren ihnen religiöse Denker wie

Meister Eckhart gänzlich unbekannt, weshalb sie bestimmte, besonders fruchtbare Vergleiche mit chinesischen Denkern nicht anstellen konnten. Auch waren sich die meisten von ihnen der Unterschiede zwischen den Traditionen französischer, deutscher und angelsächsischer Philosophie kaum bewusst und ahnten folglich nicht, wie sehr man zu verschiedenen Ergebnissen gelangt, je nachdem, ob man die chinesische Philosophie mit der einen oder mit der anderen dieser Traditionen vergleicht. Man kann nicht vom »abendländischen Denken« sprechen, ohne die Gegensätze zu beachten, die namentlich Raymond Klibansky aufgezeigt hat. Er wies zum Beispiel darauf hin, dass das Schicksal Deutschlands im 20. Jahrhundert mit der Geschichte einer deutschen Denkweise in Beziehung gebracht werden muss, deren Ursprünge weit in der Vergangenheit liegen. »Was in Deutschland bestimmend ist«, so beobachtet er, »ist die Spannung zwischen dem Wert, welcher der Vernunft beigemessen wird, und der Hochschätzung all dessen, was die Vernunft übersteigt; eine Spannung, die zum Irrationalismus führen kann – ich sage bewusst: führen *kann* ... aber nicht führen *muss*. Doch woher kommt diese Tendenz, woher kommt dieses Bedürfnis, über die Vernunft hinauszugehen? Dies versteht man nur, wenn man sich die deutsche Tradition anschaut, die bis auf Nikolaus von Kues und Meister Eckhart zurückgeht. Diese Dialektik, die man im angelsächsischen Denken nicht antrifft, unterscheidet sich natürlich auch grundlegend von der großen cartesianischen Tradition. Selbst die Anticartesianer sind diesem deutschen Denken völlig fremd.«[27] Somit hängt alles von der Wahl der Vergleichsobjekte ab. Wenn man zum Beispiel die Arbeiten von Antoine Faivre zur Geschichte der europäischen Esoterik beachtet, rücken ganze Bereiche des religiösen Taoismus in ein neues Licht und muten sehr viel weniger exotisch an.[28] Man versteht die Geschichte des chinesischen Denkens unter den Han, der ersten großen kaiserlichen Dynastie, besser, wenn man sie mehr zum römischen Denken und weniger zum griechischen in Beziehung setzt. Cicero und zum Beispiel Wang Chong, ein chinesischer Philosoph aus dem ersten Jahrhundert unserer Zeitrechnung, denken ungefähr dasselbe über die Wahrsagung.[29]

Doch die schwerwiegendste Verfehlung der komparatistischen Intellektuellen ist folgende: In ihrem Bemühen, zwei parallele Geschichten des Denkens zu entwerfen, von denen jede das Gegenstück zur anderen bilden soll, vernachlässigen sie alles Diskontinuierliche, Widersprüchliche und Unvollendete, kurz: alles *Problematische* auf beiden Seiten. Daher spricht Jullien auch von den chinesischen Denkern

27 Raymond Klibansky, *La Philosophe et la mémoire du siècle. Entretiens avec Georges Leroux.* Les Belles Lettres, Paris, 1998, S. 73 f.

28 Vgl. insbesondere Antoine Faivre, *L'Accès à l'ésotérisme occidental*, 2 Bände, Gallimard, Paris 1996. Vgl. auch Antoine Faivre, *L'ésotérisme*, Que sais-je?, Nr. 1031, Points, Paris 1992.

29 Wang Chong. Ich folge hier Marc Kalinowski, der beide Denker in dieser Perspektive studiert.

immer so, als ob sie sich untereinander stets einig gewesen wären, da sie ja alle Chinesen waren; als ob ihr Denken nie Aporien, Illusionen, heimliche Ambitionen, kalkulierte Lügen oder einen kalten Willen zur Macht über die Anderen enthalten hätte; als ob es andererseits nicht auch Zweifel, Hellsichtigkeit, Kühnheit und Mut gekannt hätte – wodurch der Bezug ihres Denkens zur Geschichte und die Rolle, die es in der Geschichte gespielt hat, negiert werden. Das läuft auch auf einen Verzicht auf Kritik und damit auf jedes tiefere Verständnis hinaus. Nicht zuletzt führt ein solches Vorgehen dazu, die Idee der Philosophie selbst zu verneinen, da Philosophie, in China wie andernorts, nur ein *individuelles* ethisches und intellektuelles Unterfangen sein kann. Eines aber möchte ich François Jullien zugestehen: Es stimmt, dass die Vereinheitlichung der Kultur, wie sie mit der Errichtung der kaiserlichen Ordnung einherging, im Großen und Ganzen die Entwicklung der Philosophie gehemmt und der chinesischen Geistesgeschichte eine relative Einförmigkeit verliehen hat. Jullien hätte dieses Phänomen, dessen Ursachen letztlich in der politischen Geschichte zu suchen sind, erklären sollen, anstatt ein idealisiertes Bild des »chinesischen Denkens« daraus abzuleiten. Er hat ja selbst, den Arbeiten von Xu Fuguan folgend, sehr schön dargestellt, wie der Spielraum des Denkens zu Beginn der Kaiserzeit eingeengt wurde[30] – ohne daraus Folgen zu ziehen.

30 Vgl. François Jullien, »Du sentiment d'oppression éprouvé par les intellectuels chinois face au pouvoir politique

Letztlich waren François Julliens Werke gerade aufgrund ihrer Schwächen so verführerisch. Weil sie den Mythos vom »China der Philosophen« zu neuem Leben erweckten, gefielen sie den Intellektuellen, deren Weltanschauung von der französischen staatlich-republikanischen Universität geprägt ist. Sie gefielen ihnen auch, weil sie ihnen die Illusion verschafften, sich leicht und schnell ein Bild von diesem China aneignen zu können. Julliens brillanter und geübter Diskurs ersparte ihnen die Mühe, sich mit den Werken auseinanderzusetzen, soweit sie in Übersetzungen zugänglich waren, oder sich ausführlicher mit der chinesischen Geschichte zu beschäftigen. Seine Bücher, die zum Teil schwierig sind und die Texte oft sehr flüchtig zitieren, die Begriffe nur oberflächlich erläutern und die behandelten Phänomene kaum in ihren geschichtlichen Zusammenhang einordnen, haben viele Leser davon überzeugt, dass das »chinesische Denken« viel zu weit von ihrem eigenen Denken entfernt sei, um für sie von Belang zu sein, und sie letztlich an ihre eigene abendländische Identität zurückverwiesen, die ihr Fundament in der griechischen Philosophie haben soll – was ihnen eigentlich sehr passte. Und allem Anschein nach passte es ihnen auch, dass nach diesem Hin und Zurück die Philosophie kein Suchen mehr war, sondern eine besondere Form des Denkens, die aus dem Zufall geboren wurde – aus einer »Falte«, wie Jullien sich aus-

(à partir des premiers Han) d'après Xu Fuguan«, in: *Extrême-Orient Extrême-Occident*, Nr. 4, 1984.

drückt, die wir bekommen und über die wir keine Rechenschaft abzulegen haben. Die Konsequenzen sind bedauerlich. Viele seiner Leser verschließen sich in vermeintlicher Unwissenheit, die den Dialog mit den Chinesen unmöglich macht. François Jullien selbst bleibt diesem Dialog fern. Die Auseinandersetzungen, die heutzutage in China stattfinden, erwähnt er nie. Er leistet, vielleicht unwillentlich, der intellektuellen Abkapselung Vorschub, an der die Kräfte der ideologischen Restauration in China ihrerseits arbeiten.

PHILOSOPHIE

Wenn ihm andere Sinologen vorhalten, dass er einen zweifelhaften Beitrag zur Kenntnis Chinas leiste, entgegnet Jullien, dass ihm dies einerlei sei, da er sich nicht als Sinologe betrachte, sondern als Philosoph, der China als »theoretischen Behelf« nutze, um unsere eigene Ideenwelt von außen zu betrachten und uns über diesen Umweg »zu denken zu geben«. Wir müssen ihn also auch aus diesem Blickwinkel beurteilen.

Um zurückzukehren, muss man sich erst irgendwohin versetzt haben. Die erste Frage lautet deshalb, ob die Werke von Jullien uns einen reellen Ortswechsel, ein wirkliches Erfahren eines anderen Denkens erlauben. Er eröffnet zwar Horizonte und weist auf mögliche Begegnungen hin, doch diese Begegnungen kommen letzten Endes nie zustande, denn wir hören immer nur Jullien. Er zitiert chinesische Autoren, aber tut es nur flüchtig, um seinen eigenen Diskurs zu nähren. Wir hören nicht *ihre* Stimme, denn er lässt sie nicht sprechen, er gibt ihnen keine Gelegenheit, auf *ihre* Weise *ihre* Argumente vorzubringen. Dazu hätte er anders vorgehen müssen. Er hätte sich nicht darauf beschränken dürfen, sie nur, meist auf übereilte Weise, als Belege für seine eigenen Gedankengänge zu zitieren. Er hätte vollständige Texte vorlegen müssen – auch kurze –, die dem Leser gezeigt hätten, wie sich diese Autoren ausdrücken und wovon sie sprechen. Damit hätte er es ihm ermöglicht, ihren besonderen Tonfall wahrzunehmen und sich über den Wert und die Tragweite ihres Denkens ein Urteil zu bilden. Diese Texte hätten beleuchtet, kommentiert und in ihren Zusammenhang gestellt werden müssen, um ganz nachvollziehbar zu werden. So wäre der Leser in der Lage gewesen, die Stichhaltigkeit von Julliens Interpretationen beurteilen zu können. In seiner ersten bedeutenden Arbeit, *La Valeur allusive*, hat er diesen Weg eingeschlagen – danach nur noch ein einziges Mal: mit seiner Übersetzung des *Zhongyong*, eines kurzen konfuzianischen Traktats, dessen Autor nicht bekannt ist, der unter den Song zu einer Art Glaubensbekenntnis des Neokonfuzianismus wurde und dies bis zum heutigen Tage geblieben ist. Jullien kommentiert ihn, aber klärt seine Leser nicht darüber auf, dass dieser Abriss behutsamer Sittlichkeit sich an die Machtinhaber richtete – Souverän, Minister, Mandarine und Clanoberhäupter. Wie es heute alle Neokonfuzianer tun, gibt ihn Jullien für ein Werk der reinen Philosophie aus, das allgemein der Frage nach dem »wohl regulierten Handeln« (*zhongyong*) gewidmet sein soll. Die unsägliche Langeweile, die sich aus seiner Idealisierung ergibt, scheint er nicht zu bemerken.

Ließe Jullien von Zeit zu Zeit dem Leser die Gelegenheit, zu einer Frage von Belang dem Gedankengang eines chinesischen Autors zu folgen, könnte sich dieser sagen: »Sieh da, dieser Mann denkt anders als ich!« – und er würde sich dadurch bewusst, wie er selber denkt. Solche Überraschungseffekte führen zur Selbstbesinnung. Julliens Leser haben einen solchen Schock erfahren, als sie *La Valeur allusive* lasen, aber seitdem konnten sie ihn nicht mehr verspüren. Das liegt an dem Programm, das François Jullien danach für sich selbst festgelegt hat und an das er sich seither hält. Kurz gesagt besteht es darin, jeweils zwei Formen des Denkens miteinander in Beziehung zu setzen, um den spezifischen Charakter der beiden Formen hervortreten zu lassen. Dadurch möchte er, wie er sagt, einen »kreuzweisen Blick« (regards croisés) herstellen – begeht aber von Anbeginn ein folgenschweres Versehen: Er vergisst zu sagen, ob er bei diesem Treffen, bei dem er die Fäden zieht, sich selbst als Richter oder als Partei betrachtet. Er sagt nicht, ob er sich auf eine der beiden Seiten stellt oder ob er dem Ereignis als unparteiischer Dritter beiwohnt. Er fragt sich auch nicht, wie es denn innerhalb des Monologs eines abendländischen Intellektuellen, der sich auf Französisch – zudem in einem sehr besonderen philosophischen Jargon – ausdrückt, überhaupt zu einer echten Auseinandersetzung zwischen dem »chinesischen Denken« und dem »abendländischen Denken« kommen kann. Wir stoßen hier auf Schwierigkeiten, die seine einzelnen Analysen zwar nicht unbedingt entkräften, aber bestimmt sein Programm grundsätzlich zunichte machen. Sich auf die Arbeit von François Jullien beziehend fragte sich Paul Ricœur mit der ihm eigenen Höflichkeit: »Wie kann man denn auf Französisch Bücher schreiben, die sich auf einen Blick von außen berufen, auf eine Dekonstruktion über das Außen?«[31]

Dazu kommt, dass, selbst wenn man annimmt, dass es unter solchen Bedingungen zu einer wirklichen Begegnung kommen könne, sich immer noch die Frage stellt, wie ein Dritter die beiden Denkformen *zusammen* erfassen soll. Wir stoßen hier auf eine weitere unüberwindbare Schwierigkeit, denn eine Denkform besteht nur dann wirklich, wenn man denkt, und niemand kann *gleichzeitig* auf zwei verschiedene Weisen denken. Was man gleichzeitig erfassen kann, sind nicht zwei Formen aktuellen Denkens, sondern nur entleerte Denkformen, vergleichbar den Hüllen, die Schlangen nach ihrer Häutung hinter sich zurücklassen.

François Jullien bevorzugt die Begriffe. Sie sind meistens die Dreh- und Angelpunkte seiner Bücher: der »Prozess« (*dao*) in *Procès ou création*; die »Neigung« (*shi*) in *La propension des choses*, das »Fade« (*dan*) in *Über das Fade – eine Eloge*, usw. Damit stößt er auf eine dritte Schwierigkeit. Um seine Beweisführungen auf eine feste Grundlage zu stellen, wählt

31 Vgl. *Dépayser la pensée. Dialogues hétérotopiques avec François Jullien sur son usage philosophique de la Chine*. Publié sous la direction de Thierry Marchaise, Les Empêcheurs de penser en rond, Paris 2003, S. 214.

er für jeden dieser Begriffe immer dieselbe französische Übersetzung. Er ist sich darüber im Klaren, dass dieses Vorgehen Gefahr läuft, die Bedeutung des chinesischen Begriffs zu verfälschen oder dessen Spannbreite zu schmälern, und weist den Leser darauf hin, aber er nimmt dies in Kauf und hält sich stets an die einmal getroffene Entscheidung. In *Über das Fade*, um bei diesem Beispiel zu bleiben, führt dies zu einer deutlich sichtbaren Verzerrung. In den Texten, die er zitiert, gibt er das Wort *dan* stets mit »fade« oder »schal« wieder, obwohl es in den meisten Fällen treffender gewesen wäre, es mit »fein«, »leicht«, »delikat«, »subtil«, »unmerklich«, »zart«, »verhalten«, »abgemildert«, »verdünnt«, »verwaschen«, »bleich«, »schwach«, usw., zu übersetzen. Um überall den Begriff, um den es ihm geht, hervorzuheben, treibt er überall, einem Nagel gleich, die zu diesem Zweck festgesetzte Übersetzung in den Text – und erzeugt dadurch einen künstlichen Verfremdungseffekt. In den meisten Fällen hätte er die jeweilige Stelle auf viel natürlichere Weise wiedergeben können; sie hätte weniger chinesisch angemutet und häufig würde die darin enthaltene Aussage den Aussagen westlicher Autoren sehr ähneln. Der Eindruck des Exotischen ergibt sich bei François Jullien wie bei den Sinologen im Allgemeinen oft allein durch fragwürdige Übersetzungsentscheidungen.

Dieser Mechanismus ist eine genauere Untersuchung wert. Nehmen wir das Wort *dao*, das François Jullien mit »Prozess« übersetzt und das die Sinologen, wenn sie es in ihren Übersetzungen nicht als solches beibehalten, mit »Weg« wiedergeben. In einem von dem Philosophen Zhuangzi[32] erdachten Gespräch erblickt Konfuzius einen Schwimmer, der in tosendem Wasser herumtollt, und fragt ihn später an Land, wörtlich übersetzt: »Hast du ein *Dao* des Schwimmens?« Der Sinologe kann dies so übersetzen: »Hast du einen *Weg* des Schwimmens?«, aber auch, viel schlichter, mit: »Gibt es eine *Methode*, um so zu schwimmen?«[33] In einem anderen Gespräch von Zhuangzi sieht ein Prinz, der sich in die Küche seines Palastes vorgewagt hat, wie einer seiner Köche mit souveräner Leichtigkeit ein Rind zerlegt, und ruft mit Bewunderung aus: »Eine solche Technik hätte ich nie für möglich gehalten!« – »Es ist nicht die Technik, die Ihren Diener interessiert, so antwortet der Koch, sondern etwas tiefer Liegendes: das *Dao*.« Man kann das Wort mit »Weg« wiedergeben, aber eine bessere Übersetzung ist »das Wirken in den Dingen« (*le fonctionnement des choses*), denn der Koch erklärt daraufhin dem Prinzen die verschiedenen Etappen des Lernprozesses, der ihn bis zur Meisterschaft in seinem Handwerk geführt hat, sowie die Form der Aktivität, die jeder Etappe eigen ist, und

32 Gestorben um 280 vor unserer Zeitrechnung.

33 Vgl. Jean François Billeter, *Leçons sur Zhuangzi*, 7. überarbeitete und korrigierte Auflage, Allia, Paris 2004, S. 28 f. Deutsche Übersetzung: *Das Wirken in den Dingen. Vier Vorlesungen über das* Zhuangzi, übers. von Thomas Fritz, Matthes & Seitz Berlin, Berlin 2014, S. 28: »Haben Sie eine Methode, um sich so über Wasser zu halten?«

die jeweilige Beziehung zwischen Aktivität und Außenwelt. Wenn man *Dao* mit »das Wirken in den Dingen« übersetzt, macht man sofort deutlich, wovon der Koch spricht.[34] In einem anderen Dialog legt Zhuangzi dem Konfuzius folgende Worte in den Mund: »Das *Dao* muss ein festes Ziel haben, sonst teilt es sich, wird verworren, geht schief und verursacht am Ende Schäden, die nicht mehr gut zu machen sind.« Wenn der Übersetzer bei dieser Übersetzung stehen bleibt, kann der Leser den Sinn der Aussage nicht erraten und wird das darauffolgende Gespräch unmöglich verstehen. Um Konfuzius' Aussage klar wiederzugeben und das Gespräch verständlich zu machen, muss der Übersetzer schreiben: »Das *Handeln* muss ein festes Ziel haben, sonst teilt es sich, wird verworren, geht schief und verursacht am Ende Schäden, die nicht wieder gut zu machen sind.«[35] Und was meint Konfuzius – dieses Mal der echte, der Konfuzius der *Gespräche*, wenn er ausruft: »Wenn ich morgens das *Dao* (oder: den *Weg*) höre, kann ich abends sterben!«? Etwa Folgendes: »Wenn ich eines Morgens endlich den Grund der Dinge erschaute, könnte ich am Abend sterben.«[36]

Diese Beispiele zeigen, dass der Übersetzer immer über mehrere Möglichkeiten verfügt. Im vorliegenden Fall muss er sich entscheiden, ob er am *Wort*

34 Vgl. ebd., S. 18 f. Deutsche Ausgabe: S. 15 f.

35 Vgl. Jean François Billeter, *Etudes sur Zhuangzi*, 2. überarbeitete und korrigierte Auflage, Allia, Paris 2006, S. 77.

36 *Gespräche* 4/8.

»Dao« oder »Weg« festhalten will, weil es sich um einen Begriff handelt, den er für wichtig hält, wofür er in Kauf nimmt, seinem Leser einen schwer verständlichen Satz vorzusetzen; oder ob er den *Satz* übersetzen will, in dem das Wort steht, das heißt: ob er diesen Satz durch einen französischen Satz wiedergeben will, der selber genauso einfach und klar wie der chinesische Satz ist. In der überwiegenden Zahl der Fälle scheint mir die zweite Möglichkeit vorzuziehen zu sein. Leider gehen zu viele Sinologen weiterhin *a priori* davon aus, dass sich das chinesische Denken grundsätzlich von unserem unterscheidet, weil es auf Begriffen wie *Dao* beruht; dementsprechend übersetzen sie und beweisen ihre Annahme durch ihre Übersetzungen.

Aber besitzt das Wort *Dao* nicht einen besonderen Bedeutungsreichtum? Ist nicht gerade die Mehrdeutigkeit ein besonderes Merkmal der chinesischen Sprache? Keineswegs. Übersetzt man in umgekehrter Richtung, vom Französischen ins Chinesische, stellen sich die gleichen Probleme. Man kann, um nur ein Beispiel zu nennen, im Chinesischen unmöglich durch ein- und dasselbe Wort das Bedeutungsspektrum des französischen Wortes »grâce« wiedergeben. Wenn die Theologen von »grâce« (Gnade) sprechen, meinen sie etwas anderes als die »grâce« (Gnade), die einem Verurteilten gewährt wird; und wieder etwas anderes ist die natürliche »grâce« (Anmut) einer Frau; ganz zu schweigen von den Einzelheiten, »dont on fait grâce à quelqu'un«, wie man im Französischen sagt, das heißt: »die man jemandem erspart«; vom Kauf, den man »grâce à« (dank) eines Kredites tätigt; vom »état de grâce« (Zustand der Gnade), der nicht lange dauert. Die Polysemie ist die Regel, nicht die Ausnahme – in jeder Sprache. Ein Wort bekommt erst *einen* Sinn, wenn es in einem Satz steht; und dieser Sinn wird negativ bestimmt durch das Ausschließen der Bedeutungen, die das Wort im gegebenen Zusammenhang nicht haben kann. Beim Übersetzen kommt die Schwierigkeit daher, dass die Wörter, die man in Beziehung bringt, in den verschiedenen Sprachen Bedeutungsfelder unterschiedlicher Ausdehnung haben, die sich daher nur teilweise decken. Deshalb tut man dem Text Gewalt an, wenn man ein bestimmtes chinesisches Wort immerzu mit ein- und demselben französischen Wort übersetzt, ohne dem Kontext Rechnung zu tragen.

Aber gibt es denn nicht im Chinesischen so wie in unseren Sprachen gewisse philosophische Begriffe, die der Übersetzer nicht ignorieren kann? Ist das *Dao* nicht ein solcher Begriff? Gewiss, doch auch in diesem Punkt müssen wir kritisch vorgehen. In allen Sprachen trifft man auf Wörter, die ein Ganzes bezeichnen, das man genau zu definieren kaum in der Lage wäre und das man sich nur sehr vage vorstellen kann, die man aber dennoch braucht, um sich auszudrücken – die »Natur«, die »Welt«, die »Wirklichkeit«, das »Wirkliche«, das »Dasein«, das »Leben«, der »Geist«, die »Materie«, der »Raum«, die »Zeit«: lauter Wörter, die erst im Satz, in Verbindung mit anderen Worten, einen bestimmten Sinn erhalten. Mitunter fragen wir uns jedoch, wie von einem plötzlichen Taumel ergriffen, was denn ihr eigentlicher Sinn sei. Durch den naiven Glauben verleitet, dass sich jedes Wort auf ein Ding bezieht, suchen wir das Ding, dem sie entsprechen. Aus derartigen Untersuchungen entsteht nach Paul Valéry die Philosophie: »Fast die gesamte Philosophie lässt sich auf die Suche nach dem isolierten *absoluten* Sinn von Wörtern zurückführen.«[37] Wittgenstein bemerkt seinerseits, dass die philosophischen Probleme aufkommen, wenn wir, anstatt uns der Sprache zu bedienen, sie zum Ausgangspunkt unseres Denkens machen.[38] An anderer Stelle hält er fest: »Die Probleme, die durch ein Mißdeuten unserer Sprachformen entstehen, haben den Charakter der *Tiefe*.«[39] Daher begreift er die Philosophie als einen »Kampf gegen die Verhexung unsres Verstandes durch die Mittel unserer Sprache«.[40]

Was man als die »philosophische Täuschung« bezeichnen könnte, beruht auf einem universalen Mechanismus. Auch in China hat man einzelnen Wörtern aufgrund des Eindrucks der Tiefe, den sie hervorriefen, einen besonderen Wert beigemessen.

37 Paul Valéry, *Cahiers I. Bibliothèque de la Pléiade*, Gallimard, Paris 1973, S. 649.

38 Vgl. »Philosophie«, Auszug aus dem *Big Typescript*, erschienen in der *Revue internationale de philosophie*, Nr. 169, Brüssel, 1989, S. 197.

39 *Philosophische Untersuchungen* 1, § 111.

40 Ebd., 1, § 109.

Gewiss kann man nicht über die Geschichte des Konfuzianismus oder des Taoismus sprechen, ohne das Wort *Dao* zu erwähnen, so wenig wie man im Zusammenhang des Judentums und des Christentums das Wort »Gott« vermeiden kann – aber man darf dabei die Rolle der Sprache nicht aus den Augen verlieren und sollte sich stets vergegenwärtigen, was Valéry so treffend hervorhebt: »Eines der Wunder dieser Welt, und vielleicht sogar das Wunder schlechthin – ist das Vermögen der Menschen, zu sagen, was sie nicht verstehen, als verstünden sie es; zu glauben, dass sie es denken, wo sie doch nichts anderes tun, als es sich einzureden.«[41]

In der Geschichte Chinas wie in der unseren sind gewisse Wörter dieser Art bis zum Äußersten aufgewertet worden. Sie dienten als Angelpunkt eines sprachlichen Gebildes, eines gedanklichen Systems, einer ganzen gesellschaftlichen und politischen Ordnung. Während der gesamten Kaiserzeit ist das *Dao* das bedeutsamste dieser Wörter gewesen. Dies wird zum Beispiel im *Huainanzi* deutlich, von dem kürzlich eine Übersetzung in der *Bibliothèque de la Pléiade* erschienen ist. Dieses umfangreiche Werk aus dem 2. Jahrhundert vor unserer Zeitrechnung, also aus den Anfängen der Kaiserzeit, ist nichts anderes als ein dithyrambisches und verworrenes Lob des *Dao*. Die Sinologen, die es übersetzt haben, haben dieses Wort unverändert übernommen, wodurch das Werk unverständlich wird. Sie hätten an

41 *Cahiers I*, S. 452 f.

seine Stelle das Wort »Natur« setzen können, denn wie vom *Dao* gilt von der Natur, dass sie erzeugt wird, sich nach ihren eigenen Gesetzen erneuert und einer sich ständig erneuernden Tätigkeit als Vorbild dienen kann. Hätten sie diese Wahl getroffen, würde der Leser mühelos verstehen, dass das *Huainanzi* ein politisches Werk ist, das zeigen will, dass die kaiserliche Macht ihrem Wesen nach *naturgemäß* ist. Damit wäre das Werk nicht in ein fantastisches und unzugängliches Anderswo versetzt worden, sondern in eine geschichtliche Vergangenheit, die wir genauso gut verstehen können wie die unsere.[42]

Dieses Beispiel zeigt sehr deutlich, dass eine übersetzerische Entscheidung ausreicht, um den Anschein einer völlig fremden intellektuellen Welt zu erwecken, und dass eine andere Entscheidung das Werk im Gegenteil auf den gemeinsamen Boden der Geschichte der Macht und der ideologischen Gebilde gestellt hätte und gleichzeitig die Besonderheit der kaiserlichen Macht der Han und ihrer imaginären Rechtfertigungen hätte hervortreten lassen – womit sich unser geschichtlicher und intellektueller Horizont bedeutend erweitert hätte.

Viele weitere Beispiele ließen sich hier anführen. Man steht vor der gleichen Alternative, wenn man philosophische Schriften im engeren Sinne studiert. Wenn die Sinologen den ersten Satz des *Laozi* wiedergeben mit »Das *Dao*, über das man sprechen

42 Vgl. die weiter unten abgedruckte Rezension zu dieser Veröffentlichung, S. 96–111.

kann, ist nicht das stete *Dao*« oder »Der *Weg*, über den man sprechen kann, ist nicht der stete *Weg*«, beschwören sie das Bild einer unendlich entfernten Ideenwelt. Anders wäre es, wenn sie übersetzt hätten: »Die Wirklichkeit, von der man etwas sagen kann, ist nicht die stete Wirklichkeit« – oder: »ist nicht die Wirklichkeit selbst«. Damit hätten sie diesen grundlegenden Satz auf einen bekannten Boden gestellt und wir wären in der Lage, uns ein Urteil über seinen Sinn und seine Tragweite zu bilden.

Ebenso verhält es sich mit einer Stelle aus dem zweiten Kapitel des *Zhuangzi*, die man ziemlich wörtlich so übersetzen kann: »Im *Dao* gibt es keine Abgrenzungen, in der Sprache nichts Beständiges. Erst wenn man etwas setzt, gibt es Abgrenzungen.« Um den Sinn dieser beiden Sätze deutlich werden zu lassen, muss man sie so wiedergeben: »In der *Wirklichkeit* gibt es keine festen Abgrenzungen, in der Sprache nichts Beständiges. Erst wenn man [durch einen Sprechakt] etwas gesetzt hat, entstehen Unterscheidungen.«[43] Diese zweite Übersetzung ergibt einen *Sinn*: Sie zeigt uns die Relevanz der Aussage und ihre Allgemeingültigkeit.

Ich bin der Ansicht, dass man philosophische Texte chinesischer und abendländischer Herkunft nur dann in Beziehung bringen kann, wenn man annimmt, dass sie einen gemeinsamen Gegenstand haben, und wenn man diesen Gegenstand freilegt und untersucht, wie

[43] Vgl. Jean François Billeter, *Etudes sur Zhuangzi*, a. a. O., S. 156.

er von den beiden Seiten erfasst wird. Um diesen gemeinsamen Gegenstand kümmert sich François Jullien nicht. Er setzt *a priori*, dass er es mit autonomen Sprachwelten zu tun hat, die sowohl nach ihrer Logik als auch nach ihrem Gegenstand einander fremd sind, und dass man nicht anders vorgehen kann, als sie von außen zu vergleichen, indem man sie »einander gegenüberhält«. Doch wenn sich ein solcher Vergleich auf keinerlei gemeinsame Erfahrung stützt, wird er zu einem sinnlosen Spiel.

Diese Konsequenz scheint François Jullien nicht weiter zu stören, denn er huldigt einem »experimentalen Komparatismus« und folgt darin Gilles Deleuze, für den die Philosophie nicht »richtige Ideen« (»des idées justes«) vorzubringen hat, sondern »eben nur Ideen« (»juste des idées«). Von Gilles Deleuze stammt auch die Idee, unterschiedliche Gedankenwelten »wechselseitig aufeinander wirken zu lassen«, die Idee der »Transversalität« einer solchen Wechselwirkung, die Idee der willkürlichen »Falte«, aus dem diese Gedankenwelten entstanden sind, die Idee der besonderen »Logik«, die jeder dieser Welten innewohnt, usw. Das Ziel ist nicht mehr, irgendeine Wirklichkeit zu erfassen, sondern nur, durch Gegenüberstellung von Gedanken »Effekte« auszulösen. Von Michel Foucault übernimmt François Jullien den Begriff der »Heterotopie«, des »andersartigen Ortes«, den der Philosoph zu beziehen habe, um von außen auf sein eigenes Denken zu blicken – nur dass dieser »andersartige Ort« am Ende nichts weiter ist als ein *Topos* seines eigenen Diskurses. Mit den Jahren wird François Julliens Werk immer selbstbezogener und er läuft Gefahr, eines Tages nur noch sich selbst zum Gegenstand zu haben. Ich würde mich darauf beschränken, diese Entwicklung zu bedauern, wenn sie nicht verhängnisvolle Konsequenzen hätte, von denen im Folgenden die Rede sein soll.

IMMANENZ

Unter den Schlüsseln, derer sich Jullien bedient, um das »chinesische Denken« in seiner Gesamtheit zu interpretieren, ist der wichtigste die »Immanenz«. Er betrachtet es als ein Denken der »Immanenz«, weil es kein Bedürfnis verspüre, etwas zu setzen, das außerhalb der Wirklichkeit stünde, in welcher der Mensch lebt und handelt. Diese Wirklichkeit wandelt sich gemäß ihrer eigenen Dynamik und inneren Logik. Des Menschen Aufgabe ist es demnach, diese Dynamik wahrzunehmen und sie möglichst vorherzusehen, sich ihr anzupassen, den größtmöglichen Gewinn aus ihr zu ziehen und insbesondere die Gelegenheiten abzupassen, die es erlauben, mit kleinen Mitteln große Wirkungen zu erzielen. In einer solchen Welt, erklärt uns Jullien, bedarf es keiner festgelegten Ziele, keiner Endzwecke, keiner absoluten Werte, keiner Wahrheiten *a priori*, keiner reinen Ideen, keines Reichs des rein Geistigen, das sich außerhalb des Sinnlichen befände, keiner Theorie, die der Praxis vorausginge. Es erübrigen sich auch ein Ursprung, eine Schöpfung, ein Schöpfergott, ein absoluter Beginn usw. In dieser Welt gibt es, im Gegensatz zur unseren, keine Transzendenz. So lautet die Idee, die Jullien seit dem Erscheinen von *Procès ou création* von einem Werk zum anderen aus verschiedenen Blickwinkeln und anhand verschiedener Themen veranschaulicht hat. »Immanenz« und »Transzendenz« sind die Schlüsselworte seiner großen Gegenüberstellung von »chinesischem Denken« und »abendländischem Denken«.

Diese Idee hat ihn zu treffenden und mitunter tiefgreifenden Analysen geführt. Sie hat ihm die Gelegenheit geboten, auf zeitgenössische chinesische Autoren zurückzugreifen, die vor ihm einen solchen Weg eingeschlagen haben. Ich erkenne durchaus den Wert seiner ersten Arbeiten an, die aus dieser Gegenüberstellung hervorgegangen sind, oder einzelne Kapitel dieser Arbeiten. Mit Recht charakterisiert François Jullien die Denkformen, die ihn interessieren, als »Denken der Immanenz«. Was ich vermisse, ist eine Kritik dieses Denkens. François Jullien übersieht, dass es Teil einer Welt war, in der die Frage der Endzwecke nicht diskutiert, ja nicht einmal gestellt werden konnte und in der sich das Denken deshalb nur auf Mittel, Methoden und List sowie auf die Kunst der Anpassung an das Bestehende beschränken musste. Er hat übersehen, dass das »Denken der Immanenz« unauflöslich mit der kaiserlichen Ordnung verwoben war, die eine in sich geschlossene Welt erschaffen und die Frage der Endzwecke auf autoritäre Weise gelöst hatte. Weil er in dieser Hinsicht blind war, hat François Jullien das »Denken der Immanenz« idealisiert, es zum »chinesischen Denken« schlechthin erhoben und aus diesem Denken das Gegenstück des »abendländischen Denkens« gemacht.

In einer solchen Welt kann die Frage der Endzwecke nicht gestellt werden, weil sie einer Zweckhaftigkeit unterworfen ist, die nicht hinterfragt werden darf: der Macht. Sie ist ihr als Ganzes hörig, und sie ist es auch im Verhalten ihrer Träger, die im täglichen Dasein entweder herrschen oder sich unterwerfen müssen. In seiner Abhandlung *Von der freiwilligen Knechtschaft* spricht La Boétie vom Geheimnis und den Mechanismen der Herrschaft und schreibt:

> [...] nicht die Waffen schützen den Tyrannen, sondern immer sind es vier oder fünf Leute, die ihn unterstützen und ihm das Land unterwerfen. Es ist immer so gewesen, dass fünf oder sechs Leute beim Tyrannen Gehör fanden. Sie haben sich ihm aus eigenem Antrieb genähert oder wurden zu ihm gerufen, um zu Gehilfen seiner Grausamkeit zu werden, zu Gefährten seiner Lust [...] und Nutznießern seiner Raubgier. Diese sechs richten ihr Oberhaupt so geschickt ab, dass es der Gesellschaft gegenüber nicht nur zum Übeltäter seiner eigenen Grausamkeiten wird, sondern auch der ihren. Diese sechs haben sechshundert unter sich, die sie abrichten und korrumpieren, wie sie den Tyrannen korrumpiert haben. Diese sechshundert halten unter sich sechstausend in ihrer Abhängigkeit, aus denen sie Würdenträger ma-

> chen, denen sie die Herrschaft über Provinzen anvertrauen oder die Aufsicht über die öffentlichen Gelder, um in ihnen Habgier und Grausamkeit zu fördern […] und sie dazu zu bringen, so viele Übeltaten zu begehen […], dass sie sich nur dank ihrer Gebieter an der Macht halten können und nur dank jener Protektion über Gesetz und Strafe stehen. Groß ist die Zahl derer, die nach ihnen kommen. […]

Das chinesische Reich zeichnet sich durch die besondere Kunst aus, mit der es ein solches System institutionalisierte. Es hat dazu eine raffiniert hierarchisierte Maschinerie erfunden und ihr den Anschein der Größe verliehen, um dadurch für seinen Fortbestand zu sorgen. Den chinesischen Kaisern ist es gelungen, »dem Volk nicht nur Gehorsam und Knechtschaft anzugewöhnen, sondern ihm eine tiefe Verehrung einzuflößen«, und zu bewirken, dass es »allein durch den Namen des *Einen* gebannt und sozusagen verhext blieb«.[44]

Die Quellen belegen zur Genüge, dass sie dabei bewusst und kalkuliert vorgingen und auf Verfahren zurückgriffen, die sich bereits vor der Zeit des Kaiserreichs bewährt hatten. Im *Buch des Prinzen Shang*, einer Abhandlung, die dem Staatsmann Shang

44 Etienne de la Boétie, *Le discours de la servitude volontaire*. Payot, Paris 1976, Neuauflage 2001, S. 232, 231 und 195.

Yang[45] zugeschrieben wird, dem das Emporkommen des Landes Qin in der Mitte des 4. Jahrhunderts vor unserer Zeitrechnung zu verdanken ist, findet man eine konzentrierte Formulierung dieser Art politischen Denkens: »Die Gewalt [die der Herrscher ausübt] stiftet die Macht, die Macht stiftet die Autorität, die Autorität stiftet die Tugend [der Untertanen]; demnach ist die Tugend das Erzeugnis der Gewalt.«[46] Solche Maximen wurden den Staatsoberhäuptern der ausgehenden vorkaiserlichen Antike von gewissen Denkern offen anempfohlen und danach von den ersten Kaisern in großem Stil angewandt, wobei sie in umfassende kosmologische Systeme eingebettet wurden, die sie legitimierten und zugleich verschleierten. Diese Kosmologien haben sich im Lauf der Zeit verändert, sie sind angepasst und zu religiösen oder metaphysischen Systemen umgearbeitet worden, aber haben stets ein- und denselben Zweck erfüllt: die reale Ausübung der Macht gleichzeitig zu rechtfertigen und zu kaschieren. In diesem Rahmen hat sich seit den Anfängen des Kaiserreichs die gesamte Geschichte des chinesischen Denkens abgespielt. Man muss ihn stets im Auge behalten, wenn

45 Gestorben im Jahr 338.

46 So lautet der Schluss des 13. Kapitels. Meine Übersetzung unterscheidet sich von der Jean Levis, die 1980 bei Flammarion erschienen ist (*Le livre du prince Shang*, Neuauflage von 2005, S. 121). Es geht an dieser Stelle um die »Gewalt«, die der Souverän gegen seine Untertanen ausübt, nicht um die »Stärke« oder die »Stärken« der Untertanen, aus denen der Souverän seinen Gewinn zieht.

man die inneren Spannungen und auch die Beschränkung dieses Denken verstehen will. Das ganze »Denken der Immanenz« ist durch sie bestimmt. Während der Ming-Dynastie (1368–1644) und der Qing-Dynastie (1644–1911) verstärkte der kaiserliche Despotismus seine Kontrolle über den Staatsapparat, und durch ihn über die gesamte Gesellschaft, sodass diese Verschlossenheit immer deutlicher wurde. Der Neokonfuzianismus, der damals die moralische und geistige Welt des kaiserlichen Beamtentums darstellte, nahm immer beschränktere und abstraktere Züge an. Diese Einengung wird heute zur Karikatur, wenn gewisse Neokonfuzianer nurmehr über die Fähigkeit des Weisen oder Heiligen (*sheng*) spekulieren, spontan zu handeln, oder genauer: eine dem Universum innewohnende Macht durch sich hindurch wirken zu lassen. Bei Mou Zongsan führt dies zum großen Gegensatz zwischen dem chinesischen Denken, dessen Kern in eben dieser Fähigkeit bestehe, und dem abendländischen Denken, dem dieser Kern fehle. Andere Denker haben auf etwas anderen Grundlagen ähnliche Gegensätze aufgestellt. Ihre Werke sind François Julliens Hauptquellen. Er hat kritiklos auf unkritische Denker zurückgegriffen, die die Schranken ihrer eigenen Ideenwelt nicht sahen, und viel weniger noch die historischen Ursachen ihrer Beschränktheit.

Eine solche kritiklose Übernahme hat unvermeidliche Folgen.

Durch sein Lob dieses befangenen Denkens, das sich auf Mittel, Methoden und Strategien beschränkt, ist Jullien nach und nach in die Nähe der Geschäftsleute und Manager gerückt und hat entdeckt, dass er ihnen eine chinesische Philosophie der Wirksamkeit oder Effizienz auftischen konnte, die ihr eigenes Denken widerspiegelte, das sie nunmehr, da es unvermittelt so schmeichelhafte Adelstitel aus China erhielt, in allen ihren Konsequenzen verantworten konnten. Er hat dieses Thema in *La propension des choses* (*Die Tendenz der Dinge*) sowie in seinem *Traité de l'efficacité*[47] entwickelt und dieses Zusammentreffen dann in seiner *Conférence sur l'efficacité*[48] regelrecht gefeiert, einem Vortrag, den er wiederholt »vor Unternehmern und im Management-Bereich« (so steht es im Klappentext) gehalten hat. Im Vergleich mit den vorausgegangenen, umfangreicheren Studien scheint diese kleine Schrift belanglos, aber sie verrät etwas Entscheidendes: Sie bringt die Verwandtschaft zwischen dem chinesischen Denken der steten Anpassung an sich wandelnde Situationen und der Praxis der Unternehmer, die sich stets den Marktänderungen anzupassen haben, vollends ans Licht. Beide beruhen auf der Hinnahme eines bestehenden Systems und seiner Zweckhaftigkeit: dem Kampf um die Macht und dem Profitstreben. Beiden ist gemeinsam, dass sie die Frage der Endzwecke ausschließen, und folglich auch die wirklichen ethischen Fragen. Sie kennen nur eine systemkonforme Moral.

47 *Über die Wirksamkeit*, Merve, Berlin 1989.

48 *Vortrag vor Managern über Wirksamkeit und Effizienz in China und im Westen*, Merve, Berlin 2006.

Jullien berichtet, dass es zwischen ihm und den Geschäftsleuten, an die er sich richtete, zu einem wirklichen Einverständnis gekommen ist: »Ich habe viele Unternehmer gekannt, die mich angehört haben und mir danach zugestanden: In der Tat …« Dieses Einvernehmen verrät eine grundsätzliche Verwandtschaft, eine gemeinsame Hinnahme des Bestehenden. Doch die *Conférence sur l'efficacité* bringt noch etwas Anderes zum Vorschein. »Ich stehe vor einer Frage«, gesteht der Autor gegen Ende seines schmalen Bandes: »China wird sich nicht für immer vom Denken der Endzwecke fernhalten können, der *Profit* […] wird nicht genügen«; China »wird den *Fragen nach dem Sinn* nicht ausweichen können. […] Und dann wird Europa wieder bedeutend werden«. In einem Interview[49] drückt er sich etwas klarer aus: »Solange China der Vorstellung der Regulierung[50] der Prozesse verhaftet bleibt«, sagt er, »kennt es nur die Harmonie. Regulierung aber, und Harmonie auf menschlicher Ebene, bedeuten letztlich stets, dass man die bestehenden Machtverhältnissen hinnimmt. Daher hat China ein Denken der Macht (oder der Moral) entwickelt, nicht aber des Rechts. Es hat eine *Ma-*

49 »L'énigme chinoise. Entretien avec le sinologue François Jullien«, in: *Le Monde*, 3. Dezember 2005.

50 Mit diesem Terminus bezeichnet François Jullien seit seiner Übersetzung von *Zhong Yong. La Régulation à usage ordinaire* (1993 – deutsche Übersetzung von Richard Wilhelm unter dem Titel *Maß und Mitte*) die ständige Forderung nach Anpassung, Justierung oder Abstimmung, wie sie beim Handeln vonnöten sind.

schine des Gehorsams erdacht, nicht aber die Transzendenz des Rechts und der Gerechtigkeit.« Jullien formuliert damit das Problem, aber er formuliert es falsch, denn in Wirklichkeit stehen hier weder »China« noch »Europa« zur Debatte, sondern auf der einen Seite der kaiserliche Despotismus sowie die Kultur, die er hervorgebracht hat, und auf der anderen die demokratischen Grundsätze sowie die Ablehnung der Tyrannei, die sich durch die europäische Geschichte hindurchziehen. So klar, in so universalen Begriffen, kann sich Jullien aber nicht ausdrücken, weil er in der langen Folge seiner Bücher die Vorstellung eines *andersartigen* Chinas entwickelt hat, dessen Denkweise anderen anfänglichen Entscheidungen entspringe, und er auf dieser Vorstellung beharrt. Er hält sich an das ideelle China, das, in bedeutsamer Umkehrung, der Vorstellungswelt entspricht, in der die Geschäftsleute und die Volkswirtschaftler heute denken und handeln.

Diese Vorstellung verleitet ihn zu groben Fehlurteilen. So behauptet er, dass China aufgrund des ihm eigenen Denkens »der Psychoanalyse gegenüber gleichgültig« sei. Er organisierte darüber eine Tagung, deren Beiträge in einer seiner Schriftenreihen erschienen sind.[51] Weder er selbst noch sonst ein Teil-

51 *L'indifférence à la psychanalyse. Sagesse du lettré chinois, désir du psychanalyste. Rencontres avec François Jullien.* Centre Marcel Granet / Institut de la pensée contemporaine (Université de Paris VII) et Presses Universitaires de France, Paris 2004 (collection *Libelles*).

nehmer dieser Tagung scheinen in Betracht gezogen zu haben, dass eine solche Behauptung gegenwärtig nur eine sehr beschränkte Gültigkeit haben kann, da die Psychoanalyse in China noch kaum bekannt ist. Sie scheinen auch nicht auf den Gedanken gekommen zu sein, dass die Langsamkeit, mit der sie sich in China ausbreitet, sich möglicherweise, *wie damals in Europa*, durch die Widerstände erklärt, auf die sie stößt. Noch haben sie in Betracht gezogen, dass sie dort um vieles skandalträchtiger sein muss als andernorts, weil sie gegen das Gebot der kindlichen Pietät verstößt – gegen die Tugend, die die kaiserliche Macht ihren Untertanen anerzogen hat, um ihnen den Respekt vor der Autorität zur zweiten Natur werden zu lassen. Zahlreiche Stellen aus der *Geschichte der Han-Dynastie* (*Hanshu*) und andere Quellen belegen, dass dies aus Berechnung geschah. Die kaiserliche Macht hat dieses Gebot der kindlichen Pietät zur Kardinalstugend erhoben und diesen Stempel dauerhaft dem chinesischen Geistesleben aufgedrückt.[52] Seine Einwirkung beginnt gerade erst, sich abzuschwächen. Ein chinesischer Psychoanalytiker, Huo Datong, gibt zu bedenken, dass »die Psychoanalyse heute den einzigen Raum

[52] Insbesondere durch die Pflicht, einen entsetzlichen Katechismus auswendig zu lernen, hat die kaiserliche Macht dies erreicht: das *Buch von der kindlichen Pietät* (Xiaojing), das aus den Anfängen der Kaiser-Ära stammt und bis zum Untergang des Kaiserreichs einer der Grundpfeiler der Erziehung geblieben ist.

darstellt, in dem sich die Person frei ausdrücken kann. Die konfuzianische Morallehre, die heute wieder sehr stark im Kommen ist, untersagt jegliche Kritik an den Eltern – im Gegensatz zur Psychoanalyse, die der Person hilft, sich eine neue Individualität zu bilden.«[53] Jullien scheint die heutige chinesische Gesellschaft nicht gut genug zu kennen, um zu verstehen, was sie vor anderen und vor sich selbst verheimlicht. Er scheint zu ignorieren, dass es Chinesen gibt, die versuchen, sich von dieser Vergangenheit zu lösen – oder es interessiert ihn nicht. Durch sein Schweigen aber trägt er dazu bei, seine Leser im Unwissen darüber zu belassen, was gegenwärtig in China vor sich geht.

Ebenso unempfänglich ist er anscheinend für das, was die chinesische Gesellschaft in der Vergangenheit, zu verschiedenen Zeiten ihrer Geschichte, im Verborgenen gehalten hat. Er spricht viel vom »Denken der Literaten«, aber nie von den »Literaten« selbst. Er kümmert sich nicht darum, wer sie waren und was sie taten. Dies erzeugt einen seltsamen Effekt der Entrücktheit. Wir können es uns leisten, abstrakt über das Denken von Pascal oder Descartes zu sprechen, weil wir ungefähr wissen, wer sie waren, in welcher Gesellschaft und in welcher Zeit sie gelebt haben. Ein Sinologe, der chinesische Denker zitiert,

53 In: *L'Hebdo* (Lausanne) vom 2. Oktober 2005, S. 76. Huo Datong hat in Frankreich studiert und spricht Französisch. Er arbeitet als Psychoanalytiker in Chengdu in der Provinz Sichuan.

muss uns über ihr Tun und Wirken, über ihre gesellschaftliche Stellung und den historischen Kontext erst informieren. Wenn er das nicht tut, droht alles, was er uns über ihr Denken lehrt, sich wie Rauchschwaden in Luft aufzulösen. Er sollte uns auch darüber informieren, was man in China von ihnen hält. Der Historiker Sima Qian warf den Literaten der Han vor, »viel zu reden, aber selten nützlich zu handeln«.[54] Li Zhi (1527–1602), ein Autor aus der Ming-Zeit, verabscheute die Reden der konfuzianischen Literaten:

> Jeder, der sich einen guten Ruf verschaffen will, gibt sich als Philosoph[55] aus, denn die Philosophie ist das einfachste Mittel, einen solchen zu erlangen. Jeder Nichtsnutz nennt sich Philosoph, weil ihm damit geholfen ist. Alle Hochstapler führen die Philosophie im Munde, weil sie damit ihre Schwindeleien beschönigen können. Ach, auch der alte Konfuzius sprach von Philosophie. Hätte er nur geahnt, zu welchem Unheil das führen sollte [...].

An anderer Stelle schreibt Li Zhi:

> Unsere Natur, so wie sie ist – ist die einzig wahre Philosophie. Aber wie sollen das die Leute ver-

54 Dieser Ausspruch ist zum geflügelten Wort geworden: *duoyan guayong*.

55 Das chinesische Wort lautet *daoxue*, wörtlich: »das Studium des Weges«, eine spezifisch neokonfuzianische Wendung.

stehen, die ständig von Philosophie *reden*? Sie sind unfähig dazu und glauben, sie könnten ihre Unfähigkeit verbergen, indem sie unaufhörlich die Maximen des Konfuzius zitieren. [...] Wenn sie ihre eigenen Interessen verfolgen und um öffentliche Ämter werben, sprechen sie von der *Identität aller Dinge*[56]. Sobald sie Gefahr laufen, mehr zu verlieren als zu gewinnen, und nurmehr darum besorgt sind, sich Schwierigkeiten zu ersparen, reden sie hingegen von *weiser Vorsicht und Selbsterhaltung*[57]. Um dem Herrscher und den aufgeklärten Ministern verständlich zu machen, wie schädlich diese Leute sind, um ihnen das Handwerk zu legen, würde es genügen, ihnen zu verbieten, um Vorzüge zu betteln, sich aus ihrer Verantwortung zu stehlen und die Alten zu zitieren. Und schon wären diese »Philosophen« mit ihrem Latein am Ende.[58]

Es ist auch notwendig zu zeigen, welchen Zwängen die Literaten-Beamten verschiedener Zeiten unterlagen, seitens der Maschinerie der kaiserlichen Verwaltung und allgemeiner durch die strenge Rollenverteilung

56 *Wanwu yiti*, eine Wendung von Mencius, um 372–289.

57 Wendungen aus dem *Tchong Yong*, dem neokonfuzianischen Katechismus, den François Jullien in einer Neuübersetzung vorgelegt hat.

58 Vgl. Jean François Billeter, *Li Zhi, philosophe maudit (1527–1602). Contribution à une sociologie du mandarinat chinois à la fin des Ming*. Droz, Genf 1979, S. 212 und S. 73.

sowie die Hierarchien in allen Lebensbereichen. Wer all dem entkommen wollte, zahlte einen hohen Preis. »Ich konnte es nie leiden, von der Autorität der anderen abhängig zu sein, und doch ist unsere Person von Geburt an der Autorität der anderen unterstellt«, schreibt Li Zhi; aber »einzig und allein weil ich dem Zwang der anderen entkommen wollte, habe ich so viel quälende Schmach erlitten, dass selbst wenn die ganze Erde zu schwarzer Tinte würde, es ihrer nicht genug wäre, die Geschichte meines Missgeschicks zu schreiben.« Die autobiografische Skizze, der diese Sätze entnommen sind und die weiter unten in Auszügen zu lesen ist[59], macht deutlich, welchem Druck er ausgesetzt war und wie entschlossen und erfinderisch er sein musste, um sich an seinem Lebensende dem System zu entziehen. Shen Fus ergreifende Schilderung seiner Liebe zu Yun, seiner Gemahlin, und des traurigen Endes der jungen Frau offenbart, wie wenig Spielraum die vermeintlich »konfuzianischen« Sitten und die unter ihrem Deckmantel herrschenden Machtverhältnisse dem Einzelnen ließen.[60]

59 Vgl. unten, S. 84–95.

60 Pierre Ryckmans hat eine sehr schöne Übersetzung des Werks von Shen Fu vorgelegt: Shen Fu, *Six récits au fil inconstant du jour* (Lacier, Brüssel 1966). Vgl. auch die ein Jahr später erschienene Übersetzung von Jacques Reclus: Shen Fu, *Récits d'une vie fugitive* (Gallimard, Collection Folio, Paris 1967).

Julliens Haltung führt zu einer weiteren Form von Unempfindlichkeit. Die »Falte« des Hellenisten ist bei ihm so stark ausgeprägt, dass er alle Gegensätze, die er zwischen dem »chinesischen Denken« und dem »abendländischen Denken« aufstellt, einzig und allein auf das philosophische Erbe Griechenlands gründet.[61] Er vergisst, dass die Monarchien, der Absolutismus, der Despotismus, die Tyrannei, die Diktatur und der Totalitarismus eine beachtliche Rolle in der europäischen Geschichte gespielt haben, dass in ihrem Verlauf diese Herrschaftsformen bald hingenommen und gerechtfertigt, bald eingehend durchleuchtet und kritisiert worden sind und dass dieses historische Erbe einen reichhaltigen Stoff bietet, um die europäische Geschichte mit der politischen, moralischen und intellektuellen Geschichte Chinas zu vergleichen. Es ist zum Beispiel allseits bekannt, dass Matteo Ricci (1552–1610), der Begründer der ersten katholischen Mission in China, sich in der Welt der Literaten-Beamten wie ein Fisch im Wasser bewegte. Er ist zwar im Umgang mit seinen neokonfuzianischen Gesprächspartnern auf unüberwindbare doktrinäre Schwierigkeiten gestoßen und letztlich in seinem Unterfangen gescheitert, weil der Unterschied zwischen geistlicher und weltlicher Macht, der für ihn eine Selbstverständlichkeit war,

61 In *Fonder la morale. Dialogue de Mencius avec un philosophe des Lumières* (*Dialog über die Moral*, Merve, Berlin 2003) beruft er sich auf Rousseau und Kant. Dies ist die einzige Ausnahme.

im Kaiserreich nicht anerkannt wurde.[62] Doch für ihn, Untertan des neapolitanischen Königreichs, Mitglied des Jesuitenordens und Vertreter der Gegenreformation, war die chinesische Monarchie eine natürliche Herrschaftsform. Baltasar Gracián (1601–1658), ein weiterer bedeutender Jesuit, hat mit *L'homme de cour*[63] und anderen Werken aus seiner Feder eine Kunst, sich erfolgreich in den Sphären der Macht zu bewegen, hinterlassen, die den klügsten chinesischen Analysen auf diesem Feld in nichts nachsteht. Paradoxerweise hat es, soviel ich weiß, kein chinesischer Autor der Kaiserzeit gewagt, eine derart *offene* Apologie der vorsichtigen Verstellung zu verfassen. Wahrscheinlich brauchte es dazu eine persönliche Unabhängigkeit, die in Europa die Autonomie der Aristokraten der monarchischen Macht gegenüber und zu gewissen Zeiten auch die Auto-

62 Diese Schwierigkeiten und das aus ihnen resultierende Scheitern wurden von Jacques Gernet in einer mittlerweile als Standardwerk zu bezeichnenden Schrift untersucht: *Chine et christianisme. Action et réaction*, Gallimard, Paris 1982 (*Christus kam bis nach China. Eine erste Begegnung und ihr Scheitern*, übers. von Christine Mäder-Virágh, Artemis & Winkler, Zürich und München 1984).

63 Arthur Schopenhauer hat dieses Werk, das von August Friedrich Müller bereits 1717 ins Deutsche übertragen worden war, 1832 unter dem Titel *Handorakel und Kunst der Weltklugheit* in einer Neuübersetzung vorgelegt (Brockhaus, Leipzig). Heute ist die gängigste Ausgabe in der Reclam Universal-Bibliothek erhältlich (Nr. 2771, Reclam, Stuttgart 1954).

nomie der Ordensgemeinschaften ermöglichten. In Frankreich waren es die Aristokraten, die zu Moralphilosophen wurden, das Räderwerk der Macht durchleuchteten und die Leidenschaften bloßlegten, die dessen Triebkraft waren. Die Fortschritte, die ihnen in der Kenntnis des menschlichen Gemütes zu verdanken sind, haben in China kein Äquivalent. Der kaiserliche Hof hat in China keinen Saint-Simon gehabt – obwohl er wahrlich einen solchen verdient hätte. Vergleiche dieser Art hat Jullien jedoch nie ins Auge gefasst. Sie hätten ganz andere Unterschiede offenbart als diejenigen, die er hervorgehoben hat.

Eine weitere Konsequenz ist François Julliens Verlegenheit in der Frage der Demokratie. Wie sollten die Chinesen sich für politische Freiheiten und Demokratie einsetzen, wenn ihr »Denken« keine Endzwecke kennt? Sie müssten sich von ihrem »Denken der Immanenz« zu einem für sie wesensfremden »Denken der Transzendenz« bekehren, was François Jullien für unwahrscheinlich, ja für unmöglich hält. Aber auch diesbezüglich leidet er an einer seltsamen Amnesie – und an einer noch seltsameren Ignoranz dessen, was in China vor sich geht. Er vergisst die *Geschichte* der Demokratie in Europa. Er vergisst alle Hindernisse, die man überwunden hat, um sie zu errichten, und alle Angriffe, die man hat abwehren müssen, um sie zu schützen – ganz zu schweigen von den Kämpfen, die heute zu führen wären, um ihrer Zerstörung durch die Macht der Wirtschaft Einhalt zu gebieten und ihr, im Gegenteil, zum Sieg über diese zerstörerische Macht zu verhelfen. Ist die Geschichte der Demokratie in Europa nicht ein langwieriger und schwieriger Prozess gewesen, der zudem noch unvollendet ist? Warum sollte in China mit der Zeit nicht ein vergleichbarer Prozess stattfinden? Ist es nicht vielmehr offensichtlich, *dass er bereits begonnen hat* und dass die Atmosphäre der Restauration, die heute in China herrscht – der Rückwendung zum Konfuzianismus, zur »traditionellen chinesischen Zivilisation«, anders gesagt: zur Kultur der Kaiserzeit – *sich eben daraus erklärt*?

Dies sind einige der Konsequenzen, die sich aus Julliens Werken ergeben. Max Weber hat in seinem berühmten Vortrag des Jahres 1917, *Wissenschaft als Beruf*, betont, dass der Gelehrte in der Wahl seines Standpunktes frei ist. Keine bestehende Fachdisziplin kann ihm diese Wahl vorschreiben. Ein strenges Denken muss jedoch die intellektuellen, moralischen und politischen Konsequenzen einer besonderen Wahl klar vor Augen haben, damit sie in voller Bewusstheit getroffen werde. Diese Maxime hat mich hier in diesem kurzen und zwangsläufig sehr unvollständigen Essay geleitet.[64]

64 Max Weber, *Wissenschaft als Beruf*, in: Max Weber: *Gesammelte Aufsätze zur Wissenschaftslehre*. Hrsg. von Johannes Winckelmann. 6., erneut durchgesehene Auflage, J. C. B. Mohr, Tübingen 1985 (1. Auflage 1922), S. 581–613.

ENTWEDER – ODER

Wie ich bereits angedeutet habe, kann man andere Entscheidungen treffen als François Jullien. Man kann dessen Methode umkehren und zu Schlüssen kommen, die den seinen entgegengesetzt sind.

Eine solche Umkehrung kann man schon in der Arbeit des Übersetzens vornehmen. Ich habe gezeigt, dass viele Sinologen beim Übersetzen philosophischer Texte *a priori* setzen, dass das chinesische Denken von dem unseren verschieden sei, da es auf Begriffen wie zum Beispiel dem *Dao* beruhe, und entsprechend übersetzen, sodass ihre Übersetzungen ihre anfängliche Annahme bekräftigen. Um diesem Zirkel zu entkommen, genügt es, den Mechanismus umzukehren: Man setze voraus, dass es eine grundlegende Einheitlichkeit der menschlichen Erfahrung gibt, und versuche, den Text *von ihr ausgehend* zu verstehen und so einfach wie möglich auf Französisch zu sagen, was der Text in seiner Sprache sagt. Dazu darf man nicht in erster Linie die Wörter übersetzen, sondern den Satz, und zwar unter Beachtung des Zusammenhangs, in dem er steht. Die von mir angeführten Beispiele belegen, dass ein solches Übersetzen in den meisten Fällen möglich – und oft sogar einfach ist, wenn man den Sinn des chinesischen Satzes begriffen hat.[65]

In unserer Beziehung zu China stehen wir vor derselben Alternative. Wir können vom Mythos der grundlegenden Andersartigkeit Chinas ausgehen, wie François Jullien es ausdrücklich und wie es viele Sinologen mehr oder weniger stillschweigend tun, und eine Vorstellung von China entwickeln, die diese Andersartigkeit bekräftigt. Um diesem Zirkel zu entkommen, genügt es auch hier, zu setzen, dass es eine grundsätzliche Einheitlichkeit der menschlichen Erfahrung gibt, um die chinesische Wirklichkeit, die wir untersuchen, *von ihr ausgehend* zu verstehen und sie dann so anschaulich wie möglich zu beschreiben. Wenn wir so vorgehen, tritt gleichzeitig in Erscheinung, was die chinesische Erfahrung mit der unseren gemein hat und worin sie sich von der unseren unterscheidet. Wenn man *a priori* von der Differenz ausgeht, verliert man den gemeinsamen Grund aus den Augen. Wenn man hingegen vom gemeinsamen Grund ausgeht, zeigen sich die Unterschiede von selbst.

Ich wähle den zweiten Weg. Die Europäer und die Chinesen mögen in der Vergangenheit in getrennten Welten gelebt haben, doch die alten Trennlinien sind hinfällig. Heute leben Europäer und Chinesen in ein und derselben Zeit, heute müssen sie gemeinsam

65 Vgl. hier das Kapitel »La traduction vue de près«, in: *Etudes sur Zhuangzi*, a. a. O., S. 213–234.

handeln und sich also gegenseitig verstehen. Dies können sie nur, wenn sie ihre Vergangenheit bewältigen, anstatt von ihr beherrscht zu werden; wenn wir auf beiden Seiten darauf verzichten, überkommenen Vorstellungen nachzuhängen und Vergangenes künstlich am Leben zu halten. Wir sollten uns zusammen zu Subjekten der Geschichte machen und unser Recht behaupten, eine Bestandsaufnahme von ihr zu machen. Und wenn ich hier von einem »wir« spreche, meine ich selbstredend nicht kollektiv die Europäer oder die Chinesen, sondern uns als freie und verantwortungsbewusste Individuen, uns als *Personen*. Wir haben das Recht, über die Vergangenheit zu urteilen, wie wir es über die Gegenwart tun, und uns über unsere Urteile zu verständigen.

Für mich steht nichts über der Person, zumal nicht über zwei Personen, die sich durch Sprache und Vernunft miteinander verständigen.

Daher stimme ich mit Zhuangzi überein, der einen ähnlichen Standpunkt vertritt und den ich für den wertvollsten und den für uns heute bedeutendsten aller chinesischen Philosophen erachte. Ich sehe ihn als solchen an, weil ich die traditionelle Auslegung der Kaiserzeit beiseitegelegt und ihn mit neuen Augen gelesen habe.[66]

66 Im Gegensatz zu François Jullien, der insbesondere in *Un sage est sans idée, ou l'autre de la philosophie* Zhuangzi so interpretiert, wie es während des Kaiserreichs üblich war.

Was wir heutzutage für die »chinesische Zivilisation« halten, ist mit dem kaiserlichen Despotismus vollkommen verwoben. Ich bin der Ansicht, dass sie entwickelt wurde, um das Aufkommen der *Person* in dem Sinne, den ich dem Wort gerade verliehen habe, zu verhindern, und dass dies das Kriterium ist, nach dem wir sie zu beurteilen haben – nicht um ihre Größe zu leugnen, nicht um die Rolle zu mindern, die sie in der Geschichte gespielt hat, sondern um die Einstellung zu bestimmen, die wir zu ihr haben möchten. Sie wird dadurch nicht als null und nichtig erscheinen, sondern als das anerkannt werden, was sie gewesen ist. Wie die chinesischen Intellektuellen, die ich zitiert habe, denke ich, dass sie dazu berufen ist, sich zu wandeln und die Vergangenheit durch die Anerkennung der Person und der politischen Rechte zu überwinden. Den chinesischen Despotismus werden wir dann nicht aufgrund des idealisierten Bildes, das er von sich gegeben hat, sondern seinem Wesen nach beurteilen, wodurch wir ihn mit Formen der Machtausübung vergleichen können, die wir aus unserer eigenen Geschichte kennen, mitsamt all den Auswirkungen, die sie auf die Sitten, das öffentliche Leben und die Formen des Denkens hatten – zumal in Frankreich, wo der zentralistische Staat eine ebenso große Rolle gespielt hat wie in China.

Aus eben diesen Gründen scheint mir das so eindrückliche Werk von Mou Zongsan zur Wirkungslosigkeit verurteilt zu sein. Mou Zongsan hat die gesamte chinesische Geistesgeschichte, den Buddhismus inbegriffen, neu ausgelegt, um zu zeigen, dass eine gewisse Vorstellung von Weisheit, oder genauer gesagt: von Heiligkeit, ihren Kern darstellt. Diese Vorstellung, die tatsächlich im Neokonfuzianismus zentral ist, scheint mir zutiefst mit der kaiserlichen Ideologie verbunden zu sein, denn die vollkommenen Handlungen des Heiligen beruhen nicht auf ihm selbst, sondern entspringen einer Wirklichkeit, die ihn übersteigt und die durch ihn hindurch handelt. Nicht *er* ist es, der handelt. Die *Person* ist abwesend. Mou Zongsan räsoniert im Abstrakten über diese vollkommenen Handlungen und über die Wirklichkeit, die sich in ihnen offenbaren soll. *Wie* man zur Heiligkeit gelangt, erläutert er kaum. All jenen, die diese nicht erreichen, hat er nichts zu bieten. Sein Denken offenbart eine der größten grundsätzlichen Schwächen des Konfuzianismus: Er schreibt dem Menschen vor, was er sein soll, sagt ihm aber nichts über das, was er ist, über seine Schwächen und über das Böse. Mou Zongsans ständige Verweise auf Kant beruhen zudem auf schwerwiegenden Missverständnissen. Er hat keine Ahnung von der Rolle, die der christliche Glaube im Denken Kants einnimmt. Er ist sich nicht darüber im Klaren, dass sich in den Augen des Königsberger Philosophen der Mensch seines Verstandes bedienen muss, *weil er schwach ist und sich irren kann*. Gewiss hätte Kant in der »Heiligkeit«, wie sie Mou Zongsan versteht, einen Fall gelehrter *Schwärmerei* gesehen.[67]

67 Ich habe mich mit dem Fall von Mou Zongsan aufgehalten, weil er erst kürzlich die Aufmerksamkeit mehrerer

Dies sind einige beispielhafte Urteile, über die man sich verständigen mag oder auch nicht; die mir hingegen notwendig erscheinen, wenn sich Europäer und Chinesen gegenseitig verstehen wollen: Urteile, die zum Ausdruck bringen, was ein jeder *sieht* und was er *will*.

französischer Sinologen auf sich gezogen hat. Vgl. Mou Zongsan, *Spécificité de la philosophie chinoise*, Übersetzung von Ivan P. Kamenarovic und Jean-Claude Pastor (Cerf, Paris 2003). Der Band ist sehr empfehlenswert wegen der langen Einführung von Joël Thoraval (S. 7–65). Wesentlich weniger empfehlenswert sind diese *Spécificités* selbst, eine Folge von zwölf populärwissenschaftlichen Vorträgen, die Mou Zongsan 1973 in Hongkong gehalten hat. Ich glaube nicht, dass man ihm mit der Übersetzung dieses populärwissenschaftlichen Werks einen Dienst erwiesen hat, geschweige denn dass diese Vorträge dem französischen Publikum helfen, sich ein anschaulicheres Bild von der chinesischen Philosophie zu machen. Joël Thoraval hat zwei interessante Studien über Mou Zongsan in der *Revue internationale de philosophie*, Brüssel, 2005/2, und in *Extrême-Orient Extrême-Occident* Nr. 27, Paris 2005, veröffentlicht; vgl. ebd. auch die Studie von Zheng Jiadong. Jean-Claude Pasteur hat zwei Studien über Mou in der o.a. Ausgabe der *Revue internationale de philosophie* und in den *Cahiers d'Extrême-Asie*, Nr. 14, Kyoto 2004, veröffentlicht. Im selben Jahr hat Sébastien Billioud an der Universität Paris VII eine beachtliche Dissertation mit dem Titel *Le Rôle de l'intuition intellectuelle dans la philosophie de Mou Zongsan (1909–1995)* eingereicht.

II.

BEWEGTER RÜCKBLICK AUF MEIN LEBEN VON LI ZHI

François Julliens Diskurs über die chinesischen »Literaten« (les lettrés) erzeugt eine optische Täuschung, denn das Wort beschwört beim französischen Leser die Vorstellung eines Humanisten herauf, der allein in seiner Lehrstube oder mit anderen zusammen an der Vermehrung des Wissens und der höheren Kultur seiner Zeit arbeitet, oder eines Gelehrten, der in Muße lebt und sich selbstlos der Bewahrung der Überlieferung oder dem Fortschritt des Denkens widmet. Durch die Verwendung dieses magischen Wortes verschleiert Jullien die Geschichte. In Wirklichkeit waren diese »Literaten«, vor und während des Kaiserreichs, von ganz unterschiedlicher sozialer Herkunft. Während des Kaiserreichs war ihr Los gewiss nicht zu allen Zeiten das gleiche, aber alle waren kaiserliche Verwaltungsbeamte, das heißt Vertreter der mächtigen Regierungsmaschinerie, die sich von der Zentralregierung und den Provinzregierungen bis hin zu den Präfekturen und Unterpräfekturen erstreckte. »Literaten« waren sie insofern, als sie aufgrund eines Auswahlverfahrens rekrutiert wurden, bei dem sie zahllose schriftliche Prüfungen zu bestehen hatten (die Chinesen haben die schriftliche Prüfung erfunden) und zuallererst die kanonischen Schriften des Konfuzianismus auswendig lernen mussten. Gewiss gab es unter ihnen Gelehrte und Denker, Schriftsteller und Dichter – aber zu keiner Zeit sind sie reine »Literaten« gewesen. Sie waren Staatsdiener, kleine und große, und lebten in ihrer Beamtenwelt. Die gesamte Literatur, die sie im Laufe der Jahrhunderte hervorgebracht haben, zeugt, meist andeutungsweise, von der Last, die sie zu tragen hatten, und von den Gefahren, denen sie ausgesetzt waren; sie zeigt auch, wie sehr sie sich danach sehnten, sich zurückzuziehen, sobald sie ein ausreichendes Vermögen angesammelt hatten.

Der autobiografische Bericht von Li Zhi, den ich weiter oben zitiert habe, zeichnet sich nicht so sehr durch den beschriebenen Lebensweg als vielmehr durch eine ungewöhnliche Freimütigkeit aus. Dass Li Zhi sich derart offen ausspricht, rührt daher, dass er am Ende seines Lebens mit der Welt der Mandarinen gebrochen hatte und nicht mehr an die Sitten und Gebräuche dieses Gesellschaftskreises gebunden war. Das Außergewöhnliche an seinem Bericht liegt nicht an dem, was er erzählt, sondern an der Unbefangenheit, mit der er es tut.

Li Zhi wurde erst am Ende seines Lebens berühmt: durch *Das zu verbrennende Buch* (*Fenshu*), eine Sammlung von Briefen und Essays, die er im Jahr 1590 veröffentlichte, und *Das zu versteckende Buch* (*Cangshu*), eine Sammlung historischer Texte mit kritischen Kommentaren, die er 1599 herausgab. Diese Bücher lösten einen Skandal aus und wurden 1602, im Jahr, in dem Li Zhi im Gefängnis Selbstmord beging, durch einen kaiserlichen Erlass verboten. Doch dieser Erlass konnte nicht verhindern, dass Li Zhi zu einem der bekanntesten Autoren der späten Ming-Zeit wurde, die 1644 ihr Ende nahm. Den einen war er ein Held, für andere ein Scheusal. Durch die Zensur der Qing-Dynastie, die bedeutend effizienter war, fiel er dann nach und nach dem Vergessen anheim. Nach dem Ende des Kaiserreichs und während der Republik wurde er wiederentdeckt und als rebellischer Geist gefeiert.

Er wurde 1527 im Süden Chinas, in der Provinz Fujian geboren, genauer in der Hafenstadt Jinjiang, in einer Familie von Kaufleuten, die seit mehreren Generationen bis weit nach Persien hinein Handel getrieben hatten; einige Familienmitglieder hatten sich sogar zum Islam bekehrt. Die Mandarinen-Laufbahn trat Li Zhi widerwillig an. Er musste seine Familie unterstützen, weil ihre Einnahmequellen wegen eines plötzlichen Verbots des Überseehandels versiegt waren. Er bekleidete zahlreiche Ämter, in Nanking, Peking und andernorts, und wurde zuletzt Präfekt in der abgelegenen Provinz Yunnan, dem damals noch sehr schwer zugänglichen Südwesten Chinas. Da er schließlich die Zwänge seines Amtes nicht mehr ertrug, reichte er 1580 im Alter von 54 Jahren seinen Rücktritt ein. Anstatt nach Fujian zurückzukehren, sich dort der privilegierten Stellung eines ehemaligen Mandarinen zu erfreuen und, wie es üblich war, zum Wohltäter seiner gesamten Verwandtschaft, seiner Bekannten und von Schützlingen aller Art zu werden, lässt er sich bei Freunden in Hubei im Landesinneren nieder, um endlich eine gewisse Freiheit zu genießen und fernab vom öffentlichen Leben mit ihnen »den Grund des Lebens und des Todes« zu ergründen. Doch der Tod rafft ihm den Freund dahin, dem er sich am nächsten fühlte. Die Beziehungen zum Oberhaupt der Gastfamilie verschlechtern sich. Er erträgt den Hochmut dieses einflussreichen Mannes nicht, der Vizeminister und Vizezensor gewesen war, und dessen Moralpredigten noch viel weniger. Dies bewegt ihn zu einem neuen Schritt auf seiner Suche nach Unabhängigkeit: Im Jahre 1585 zieht er sich in ein nahegelegenes buddhistisches Kloster zurück. Dort rasiert er sich eines Tages den Schädel – aber ohne sich zum Buddhismus bekehren. Dadurch bricht er offen mit der Welt des Mandarinentums und des Konfuzianismus. In einem Brief an einen Freund schreibt er:

> Ich habe mir den Schädel rasiert, weil ständig Leute aus meiner Heimat zu mir kamen, um mich zur Heimkehr zu bewegen. Sie scheuten sich nicht davor, Tausende von Meilen zurückzulegen, um mich zu belästigen und mit ihren Kleinlichkeiten zu quälen. Auf diese Weise gab ich ihnen zu verstehen, dass ich nicht zurückkehren und mich nicht mehr um ihre Geschäfte kümmern würde. Zudem haben so ziemlich alle Dummköpfe hierzulande begonnen, mich als einen Abtrünnnigen an-

zusehen; ich habe mich zum Ketzer gemacht, um mich der Ehre, den mir diese Schafsköpfe erwiesen, würdig zu erweisen. Aus all diesen Gründen zusammen habe ich mir schlichtweg den Schädel geschoren. Ich tat es nicht aus Berufung, sondern weil ich alt bin und meine Tage gezählt sind.

1590 fasst er einen schicksalhaften Entschluss: Im *Zu verbrennenden Buch* veröffentlicht er Briefe, die er dem Vizezensor geschrieben hatte und in denen er mit scharfer Zunge dessen Scheinheiligkeit anprangert. Li Zhi sieht sich gezwungen, die Provinz Hubei zu verlassen, und wird fortan ein unstetes Leben führen müssen. Er flieht vor Feinden, die ihm mit wachsender Entschlossenheit nachstellen, wird aber von einigen ergebenen Freunden in Schutz genommen.

In der folgenden Schilderung gibt Li Zhi ein Gespräch wieder, das er 1596, im Alter von siebzig Jahren, in einem anderen Kloster in Hubei geführt hat. Sie bildet den zentralen Teil einer Schrift, die den Titel *Bewegter Rückblick auf mein Leben* trägt (*Gankai pingsheng*) und in *Letzter Wille* (*Yuyue*) Eingang gefunden hat, einem Text, der in die Neuauflage des *Zu verbrennenden Buchs* aus dem Jahr 1600 aufgenommen wurde. Li Zhi unterhält sich mit jungen Mönchen des Klosters:

Ihr sagt die ganze Zeit, dass man zum Buddha wird, wenn man sich für das Klosterleben entscheidet, und dass dieses Leben besser sei als das weltliche. Ich habe mich für das Klosterleben entschieden, aber ich halte mich keineswegs für erhaben über die anderen. Ich habe mich nicht für dieses Leben entschieden, weil es mir an und für sich als gut erschien oder weil nur dieses Leben erlaubt, geistig voranzukommen (kann man das nicht genauso gut im weltlichen Leben?), sondern weil ich wirklich keinen anderen Ausweg hatte. Ich konnte es nie leiden, von der Autorität der anderen abhängig zu sein, und doch ist unsere Person von Geburt an der Autorität der anderen unterstellt. Für die frühe Kindheit und die Schulzeit versteht sich das von selbst. Dann aber, wenn wir mit unserem Studium beginnen, sind wir von der Autorität der Lehrer und der Inspektoren abhängig. Als Beamte hängen wir von anderen Beamten ab. Wenn wir nach Hause kommen, unterstehen wir dem Präfekten und dem Unterpräfekten. Wir müssen ihnen entgegengehen, wenn sie ihren Besuch ankündigen, und sie begleiten, wenn sie wieder abreisen. Wir müssen sie schmieren, ihnen Festmähler auftischen, für ihre Spesen aufkommen und ihnen an ihrem Geburtstag Höflichkeitsbesuche abstatten. Bei der kleinsten Unachtsamkeit ziehen wir uns ihr Missfallen zu und müssen mit allen nur erdenklichen Übeln rechnen. Selbst wenn wir tot und begraben sind, lassen diese Zwänge nicht nach, denn der Sarg, den man über uns schließt, übt einen noch grausameren Zwang aus. Aus diesem Grunde bin ich nicht in meine Heimat zurückgekehrt und habe lieber die Gefahren eines unsteten Wanderlebens in Kauf genommen. Natürlich hatte ich auch ein großes Verlangen danach, Freunde zu finden, Seelenverwandte, aber da ich nirgends welche fand, habe ich letztlich einzig und allein aus dem Willen, mich dem Zugriff der anderen zu entziehen, mein Amt aufgegeben und mich zugleich geweigert, in meine Heimat zurückzukehren. Das ist meine ganze Geschichte. Ich habe niemals darüber gesprochen, weil die Leute nicht bereit sind, mir Glauben zu schenken.

Wo mein Wanderleben mich auch hinführte, überall gab es Beamte, die über mich verfügen konnten. Als ich in der hiesigen Unterpräfektur eintraf, die von Deng Dingshi verwaltet wird, habe ich mich davor gehütet, mich bei ihm zu melden; aber er hat mir eine Einladung zukommen lassen, was mich natürlich dazu zwang, ihm die Höflichkeit schriftlich zu erwidern. In meinem Schreiben habe ich es nicht gewagt, mich als »Kollegen«[68] zu bezeichnen, denn dies wäre anmaßend gewesen; »Untertan«[69] fand ich zu unterwürfig. Ich habe kurz nachgedacht und folgenden Ausdruck gefunden: »ein Fremder, der hier Halt macht«.[70] Leute, die »irgendwo Halt machen«, hat es zu allen Zeiten gegeben. Folgt nicht immer, auf die Erwähnung berühmter Beamten in den Lokal-

68 *Shisheng*, wörtlich: die Person, die Gesellschaft leistet.

69 *Zhisheng*, wörtlich: die Person, die jemandem unterstellt ist.

70 *Liuyu kezi.*

chroniken von Provinzen und Präfekturen, die Erwähnung einer Persönlichkeit, die »hier Halt gemacht hat«? Unter einem »berühmten Beamten« versteht man einen verdienstvollen Verwalter.[71] Spricht man von einem Mann, der »hier Halt macht«, denkt man an einen Einzelgänger und Sonderling, der sich gleichfalls Verdienste erworben haben mag. Da einem guten Verwalter üblicherweise irgendein verkanntes Genie zugeschrieben wird, besagte meine Wendung, dass wir beide, er wie ich, vergleichbare Eigenschaften besäßen.[72] Aber weil ich schon geschrieben hatte, dass ich »hier Halt mache«, war es daher nicht überflüssig, den »Fremden« noch hinzuzusetzen? Wer irgendwo Halt macht, wird sich dort normalerweise eine Bleibe errichten, sich niederlassen und die Erde bestellen, um von ihr zu leben, sodass er schließlich, ob er es will oder nicht, der lokalen Autorität unterstellt sein wird. Ich habe den »Fremden« hinzugesetzt, um hervorzuheben, dass ich mich nicht endgültig niederließ, dass ich auf der Durchreise war. […] Da die Dauer meines Aufenthaltes nicht abzusehen war, konnte mich der Unterpräfekt nicht zu seinen Untertanen zählen. Ohne es ihm gegenüber an Achtung mangeln zu lassen, machte ich es ihm unmöglich, seine

71 *Gongzu fumu*, wörtlich: (für die Bevölkerung) ein »Vater-und-Mutter gemeinsamer Abkunft«.

72 Hier und weiter unten führt Li Zhi historische Beispiele an, die ich weglasse.

Autorität über mich auszuüben. Meine Wendung war ein unmissverständlicher Ausdruck meines Verlangens, mich nicht festzusetzen, und meiner Weigerung, auch nur den geringsten Zwang zu erleiden. Das Sicherste aber war, mir den Schädel zu rasieren und mich in einem Kloster niederzulassen. Selbst die Einwohner von Macheng entgehen der Autorität des Verwalters, wenn sie sich den Schädel rasieren; ich entging ihr also umso mehr, da ich noch dazu aus einer anderen Provinz stammte!

»Aber dann«, sagte mir einer, »hätten Sie ja die Tonsur in ihrer Heimat annehmen können! Warum tun sie es in Macheng?« – Ach, glauben Sie mir! Erst nachdem ich alles abgewogen hatte, griff ich zum Rasiermesser. Als Deng Dingshi mich mit rasiertem Schädel sah, weinte er bitterlich und erzählte mir, was ihm seine Mutter gesagt hatte: »Wenn du davon sprichst, kann ich den ganzen Tag nichts mehr essen, nichts mehr hinunterschlucken. Der alte Li muss seine Haare behalten. Wenn du ihn dazu bewegen kannst, sie zu behalten, bist du ein guter Sohn, ein guter Beamter!« Als wäre mir meine Entscheidung leicht gefallen! Als ob es ein Vergnügen wäre, sich den Schädel zu rasieren, um sich dem Zugriff der anderen zu entziehen! Mir kommen die Tränen, während ich dies niederschreibe. Haltet die Tonsur nicht für ein glückliches Ereignis, entscheidet euch nicht leichten Herzens dazu, von der Barmherzigkeit der anderen zu leben!

Ich glaube, dass es niemand in seinem Leben schwerer gehabt hat als ich. Einzig und allein weil ich dem Zwang der anderen entkommen wollte, habe ich so viel quälende Schmach erlitten, dass selbst wenn die ganze Erde zu schwarzer Tinte würde, es ihrer nicht genug wäre, die Geschichte meines Missgeschicks zu schreiben. Als ich das Schulwesen in einer Präfektur leitete, geriet ich mit dem Präfekten und dem Schulaufseher in Konflikt. Als ich zum Doktor an der Akademie befördert wurde, stritt ich mich mit den Kanzlern und Studiendirektoren, mit Qin, mit Chen, mit Pan, mit Lü und manch anderem noch dazu. Als ich Abteilungsleiter im Ritenministerium wurde, stritt ich mich mit dem Minister Gao, mit dem Minister Yin, mit den Vizeministern Wang und Wan. [...] Am schlimmsten erging es mir, als ich zum Untersekretär ernannt wurde und weder vom Minister Xie noch von den Richtern am Obergericht, Dong und Wang, geschätzt wurde. Über Xie will ich kein Wort verlieren, aber Dong und Wang waren gerechte Männer, mit denen ich nicht hätte in Konflikt geraten sollen. Und doch war der Konflikt unvermeidlich, denn beide waren ehrgeizig. Sie waren rechtschaffen, aber hielten sich für zehnmal besser als die anderen. Am schlimmsten war meine Begegnung mit dem Minister Zhao. Er hatte sich in der Philosophie[73] einen Namen ge-

[73] Daoxue.

macht – aber, wer weiß warum, je mehr jemand als philosophisch beschlagen galt, desto heftiger stieß ich mit ihm zusammen. Als ich Präfekt war, überwarf ich mich mit dem Gouverneur Wang und dem Kommissar Luo. Wang war ein verachtenswerter Mensch, über ihn gibt es nichts zu sagen. Aber mit Luo verstand ich mich ausgezeichnet, er war ein geschickter und verlässlicher Mann, sowohl gebildet als auch tatkräftig, und doch habe ich mich auch mit ihm überworfen. Er stellte zu hohe Ansprüche. Er achtete zunächst meine Aufrichtigkeit, aber ließ dann nichts mehr an mir gelten und beschloss, mir zu schaden. Wie fast alle, die sich für etwas Besseres halten, bezog er alles auf sich und hatte für andere keine Nachsicht. Ich erinnere mich daran, ihn beschworen zu haben: »Bei der gemischten Bevölkerung dieser Grenzregionen kann man das Gesetz nicht buchstäblich anwenden. Es reicht, wenn wir in Frieden mit den Garnisonen und den Einheimischen leben. Sie müssen berücksichtigen, welches Leben die Leute führen, die hier ihren Dienst ableisten. Manche sind ohne ihre Familien gekommen und haben ein hartes Leben. Andere haben mit Frau und Kind auf schroffen Pfaden Tausende von Meilen zurückgelegt und werden diese mühseligen Wege wieder zurücklegen müssen, wenn sie in ihre Heimat zurückkehren: Versetzen Sie sich in ihre Lage! Wenn einer von ihnen auch nur die geringste lobenswerte Eigenschaft besitzt, muss man ihn als einen kostbaren Mann betrachten,

anstatt ihn abzukanzeln. Solange niemand Klage einreicht, müssen wir uns taub und stumm stellen, anstatt uns unaufhörlich um nichts und wieder nichts zu scheren. Ehrlichkeit, Beflissenheit, Unerschrockenheit müssen wir von uns selbst verlangen, ehe wir sie von anderen fordern. Selbst wenn wir sie besitzen, sind diese Tugenden nicht mehr liebenswert, sobald wir sie von den anderen erwarten. Glauben Sie mir, diese Maxime ist doppelt so wichtig, wenn es um das gute Regieren geht […]« Achweh, wer hätte es geglaubt! Darum haben wir uns überworfen! Und doch, wollte man mich fragen, wen ich unter den Leuten, die ich gekannt habe, empfehlen würde, stünde Luo an erster Stelle. […]
Es war töricht von mir, Karriere machen zu wollen, wo ich doch unfähig war, die geringste Erniedrigung zu ertragen. Es ist reine Glückssache, dass ich lebend davongekommen bin!

Li Zhi berührt uns heute, weil er ganz persönlich und ganz unverhohlen die Wahrheit spricht. Dieser Tonfall hat in der meist sehr zurückhaltenden Literatur der »Literaten« der Kaiserzeit Seltenheitswert. Li Zhi ist zu einem bemerkenswerten Schriftsteller geworden, weil er im hierarchischen System des Mandarinentums sein Glück nicht fand und sich aus diesem System ausschloss, was ihn dazu bewog, über sich selbst Zeugnis abzulegen und sich dadurch *als Person* zu bestimmen. Auf diese Weise ist er dem »Denken der Immanenz« entkommen, das François Jullien rühmt.

DAS *HUAINANZI* IN DER *BIBLIOTHÈQUE DE LA PLÉIADE*

François Jullien ist nicht der Einzige, gegen den sich meine Kritik richtet. Um dies zu veranschaulichen, werfe ich im Folgenden einen Blick auf die Ausgabe des *Huainanzi* in der französischen Klassikerbibliothek der *Pléiade*.[74] Diese Übersetzung ist das Gemeinschaftswerk von acht aus Frankreich und aus Kanada stammenden Sinologen. Die Herausgeber, Charles LeBlanc und Rémi Mathieu, haben einen großen Teil der Übersetzung selbst besorgt[75] sowie eine umfangreiche allgemeine Einführung in das

[74] Bei dem hier abgedruckten Text handelt es sich um eine Rezension aus den *Etudes chinoises*, Nr. 23, 2004. Das *Huainanzi* ist ein »taoistisches« Werk, das im Jahre 2003 in die *Bibliothèque de la Pléiade* aufgenommen wurde. (*Huainan zi*. Texte traduit, présenté et annoté sous la direction de Charles LeBlanc et Rémi Mathieu, Gallimard, Paris 2003, 1280 p., tome II des *Philosophes taoïstes*, Bibliothèque de la Pléiade).

[75] Die Namen der anderen Übersetzer sind Bai Gang, Anne Cheng, Jean Levi, Jean Marchand, Nathalie Pham-Michot und Chantal Zheng.

Werk verfasst. Jedem der 21 Kapitel geht zudem eine mehr oder weniger umfangreiche Einführung voran. Diese Einführungen folgen einem einheitlichen Aufbau: Titel und Inhalt, Struktur, Hauptthemen, Verhältnis zu den anderen Kapiteln, Bibliographie. Abbildungen von Kunstgegenständen aus der Han-Zeit dienen als Frontispiz zu jedem Kapitel. Das imposante Werk wird durch einen kritischen Apparat vervollständigt: Chronologie, Notiz der Herausgeber, Umschriftentabelle, Karten, allgemeine Bibliographie, Namens- und Sachregister.

Dies ist als editorisches Ereignis und Sternstunde der französischsprachigen Sinologie begrüßt worden: Zum ersten Mal veröffentlichten Spezialisten des antiken chinesischen Denkens in der *Bibliothèque de la Pléiade* ein Werk, von dem noch keine vollständige Übersetzung in einer abendländischen Sprache vorlag und von dessen Existenz das französische Publikum nichts wusste. Zu ihrem Erfolg kann man diese Pioniere nur beglückwünschen. Der Geist aber, in dem sie gehandelt haben, und das Ergebnis, zu dem sie gelangt sind, rufen eine ganze Reihe kritischer Fragen hervor.

Wenn man von der hochangesehenen Buchreihe absieht, in der sie ihr Werk veröffentlicht haben, und von ihrem Übersetzungsstil, ihren ausführlichen Anmerkungen, den ständigen Verweisen auf den chinesischen Text, der eingehenden Analyse der Kapitel, dem Umfang des Apparates ausgeht, scheinen sie in erster Linie für Nachwuchssinologen gearbeitet zu haben. Sie haben alles getan, um ihnen den Zugang zum Text zu erleichtern. Doch wenn sie sich tatsächlich an diese Leserschaft richten wollten, hätten sie, wie mir scheint, erklären müssen, warum dieses Werk studiert werden soll, wie es interpretiert worden ist und wie dessen Übersetzung angegangen werden kann. Doch darüber sagen sie so gut wie nichts. Gelehrt zitieren sie alle Arbeiten, die dem *Huainanzi* in China, in Japan, in Europa und in den Vereinigten Staaten gewidmet worden sind, aber über die Geschichte der Forschung auf diesem Gebiet, über den heutigen Forschungsstand, lassen sie nichts verlauten. Es wäre ein Leichtes gewesen, in Erinnerung zu rufen, dass das *Huainanzi* von der Hanzeit bis zum Ende des Kaiserreichs nicht als ein »taoistisches« (*daojia*), sondern als ein eklektisches (*zajia*) Werk angesehen wurde; dass es während dieser zwei Jahrtausende so gut wie keinen Einfluss auf die Geistesgeschichte ausgeübt hat, aber im 19. Jahrhundert die Philologen zu interessieren begann, weil es zahlreiche Fragmente aus verschollenen Werken enthielt; dass es im 20. Jahrhundert von einer neuen Generation von Intellektuellen hoch geschätzt wurde, die die orthodoxe konfuzianische Geschichtsauffassung verwarfen und gewissen Werken große Beachtung schenkten, die in der Vergangenheit als zweitrangig galten, insbesondere wenn sie von einer »wissenschaftlichen« Einstellung zeugten (aus dieser Zeit stammt auch die Hochschätzung des *Mengqi bitan* von Shen Gua); dass dem *Huainanzi* sogar die Ehre zuteil wurde, als *materialistisch* bezeichnet zu werden; dass es in jüngerer Zeit als Quelle für die Religionsgeschichte und die Mythologie (etwa wie Ovids *Metamorphosen*) oder als Zeugnis über einen wichtigen Moment der intellektuellen und politischen Geschichte der Han während des 2. Jahrhunderts vor unserer Zeitrechnung ausgewertet wurde. Leider geben die Herausgeber über diese Belange keinerlei Auskunft. Wenn sie sich an Sinologen richten wollten, hätten die Autoren auch sehr viel ausführlicher die Probleme analysieren müssen, auf die sie in ihrer Übersetzungsarbeit gestoßen sind. Auf diesen Punkt werde ich weiter unten zurückkommen.

Möglicherweise haben sie darauf verzichtet, auf solche Fragen und Probleme einzugehen, weil sie ihre Arbeit in der *Bibliothèque de la Pléiade* veröffentlichten und sich an ein gebildetes Publikum zu richten hatten, das sich allgemein für Philosophie, Geschichte und Literatur interessiert. Schauen wir also, was sie getan haben, um der Neugier dieser Leser zu entsprechen. Und fragen wir uns zuallererst, ob es angezeigt war, diesem Publikum eine Übersetzung des *Huainanzi* vorzulegen.

Zunächst lautet die Antwort: Nein.

Dies liegt insbesondere an der Form des Werks. Das *Huainanzi* besteht größtenteils aus Anekdoten, kurzen Dialogen und Fragmenten früherer mythologischer Literatur. Auf Schritt und Tritt begegnet der Leser Gestalten, von denen er nie gehört hat. Sie sind so zahlreich, dass das Namensregister am Ende des Werks 83 Seiten umfasst und mehr als 1500 geschichtliche oder mythische Figuren auflistet. Die Autoren sind sich darüber im Klaren, dass das *Huai-*

nanzi ein »anspielungsreiches Werk ist, das eine ebenso umfassende wie gründliche Belesenheit erfordert« (S. 1). Hinzukommt, dass die Anordnung dieser Texte oft so unklar ist, dass sich die Herausgeber gezwungen sahen, jedem Kapitel eine Analyse zu Struktur und Inhalt voranzustellen. Leider haben sie nicht angegeben, welchen Anteil diese älteren Texte im Gesamtumfang des Werks ausmachen (die Hälfte? ein Drittel?), und auch nicht daran gedacht, eine Liste der Quellen zu liefern.

Wiegt der Stil wenigstens die Schwächen des Aufbaus auf? Dem »schwierigen, aber prachtvollen Text«, so schreiben die Autoren (S. LXXIV), »scheint das Bravourstück gelungen zu sein, die Suche nach der Wahrheit mit der Schönheit der Sprache zu vereinen« (S. LV). »Im Abendland«, fügen sie hinzu, »werden Philosophen kaum in literarische Anthologien aufgenommen«. Diese Bemerkung ist verwunderlich, denn meines Wissens hat das *Huainanzi* in China nie Aufnahme in eine literarische Anthologie gefunden. Soviel ich weiß, hat kein Literat je den Stil des *Huainanzi* gelobt. Die Autoren scheinen sich selbst gewisser Zweifel nicht erwehren zu können, denn sie schreiben anschließend: »Man kann sich allerdings fragen, ob dieses Bemühen um Eleganz […] nicht mitunter die Strenge und Verständlichkeit des Gedankens beeinträchtigt«. An ihrer Stelle hätte ich die Leser gewarnt, dass das *Huainanzi* in der schwerfälligen und einfallslosen Prosa daherkommt, wie man sie von Gelehrten erwartet, die im Auftrag eines Herrschers arbeiten und von ihm bezahlt werden. Ihr Hang zur Aufzählung und zur Anhäufung, ja zur Überhäufung und zur Prahlerei kommt nicht von ungefähr. Er entspricht der Besitz- und Machtgier ihres Auftraggebers, dem Prinzen Liu An (um 179–222), der damals Anspruch auf den Kaiserthron hegte. Der »enzyklopädische« Charakter des Werks, den man oft gerühmt hat, entspringt der Raffgier des Prinzen, der sich die ganze Welt zu eigen machen will. Seinen Autoren war in keiner Weise daran gelegen, den Wissensstand ihrer Zeit festzuhalten oder auch nur die Kenntnisse zu sammeln und zu ordnen, die zur Ausübung der Macht erforderlich waren. Sie haben sich damit begnügt, das Buchwissen zusammenzutragen, das der Rechtfertigung der Macht dienlich sein konnte. Das *Huainanzi* ist höfische Kunst, wie die von Le Brun in Versailles. Seine Prosa ist oft reiner Leerlauf. Die systematische Verwendung des syntaktischen Parallelismus erzeugt einen feierlichen Vortrag, fördert aber auch die gedankliche Leere. Die Sinologen haben im Parallelismus die Matrix einer typisch chinesischen Denkform gesehen und nicht bemerkt, dass er oft zur Form des Nichtdenkens geworden ist. In ihrer Einführung geben die Autoren der Pléiade-Ausgabe ein Beispiel für »eine der typischen philosophischen Ausdrucksweisen« des *Huainanzi*. Der Passus, den sie zitieren, und die komplizierte Analyse, die sie vornehmen müssen, um dessen Sinn zu erklären (S. XV–XVI), zeigen vor allem, dass eine Verkettung fertiger Phrasen, paarweise angeordnet, zu einer besonders schwerfälligen und geschraubten

Ausdrucksweise führen. In Wirklichkeit ruft dieser Vortragsstil rasch eine unüberwindliche Langeweile hervor, auf Chinesisch nicht anders als auf Französisch.

Indessen stellen Charles LeBlanc und Rémi Mathieu das Buch in erster Linie als ein philosophisches Meisterwerk vor. Ich fürchte, dass nur wenige Leser, selbst unter den wohlwollendsten, diese Einschätzung teilen werden. Nur wenige werden sich durch die Zusammenfassung der Philosophie des *Huainanzi*, die die Herausgeber in ihrer Einführung anbieten, überzeugen lassen: »Das *Huainanzi* wurde im Zeichen des *Dao* geschrieben«, verkünden sie (S. XXVII). Das *Dao*, erläutern sie, sei eine erste, allumfassende Wirklichkeit, die als solche für den menschlichen Geist unfassbar ist, deren Wirkungen für ihn aber wahrnehmbar sind, insbesondere wenn sie sich im Tun des Weisen offenbaren: »Der *wahrhafte Mensch* [...] ist von einem Vermögen durchdrungen, das der Macht des *Dao* wesensverwandt ist: Ohne zu denken, ohne zu berechnen, ohne zu handeln, ohne sich abzumühen, verwandelt er die Welt, indem er selbst in Freude wandelt« (S. XXXII). Weder in dieser langen Zusammenfassung (S. XXVII–XLVII) noch im Text selbst findet man auch nur die Spur eines Denkens, das aufgrund seiner Problemstellungen, seiner Strenge und Nüchternheit es heute verdiente, als »philosophisch« bezeichnet zu werden. Es wird im Gegenteil bald klar, dass das *Huainanzi* nur als ein ideologisches System begriffen werden kann. Das *Dao* ist die Projektion der kaiserlichen Macht – nicht der wirklichen, sondern der idealen – auf das gesamte Universum. Der Diskurs über das *Dao*, der in der Tat das gesamte Werk durchzieht, ist ein unaufhörliches Lob des *Einen* und der *Einheit* aller Dinge, das implizit auf die heilige Figur des Herrschers weist. Die Heiligkeit, schreiben die Autoren, »besteht in der Einigkeit mit dem *Dao*, der Quelle einer Weisheit und einer Schöpferkraft, die weit über das menschliche Maß hinausgehen und sich als Nicht-Kennen und Nicht-Handeln aktualisieren« (S. XXXI). Dies ist die Heiligkeit, die dem Despoten zugeschrieben wird und die Wirklichkeit der Herrschaft verschleiert. Wir haben es mit einer Ideologie der kaiserlichen Macht zu tun, die sich in einer religiösen Sprache äußert. »Der wundersame, unerschöpfliche Charakter des *Dao*«, bemerken die Autoren, »wird in einem überschwänglichen Lyrismus besungen, der begreiflicherweise die Leser, die *verstehen* wollen, nicht vollends zufriedenstellt. Vielleicht deuten diese Stellen bereits auf den religiösen Daoismus, der zwei Jahrhunderte später in China aufgekommen ist« (S. XXX). Dies ist freilich keine Hypothese, sondern eine Gewissheit. Tatsächlich ist die Vorstellungswelt der daoistischen Religion, die im 2. Jahrhundert unserer Zeitrechnung, zu Ende der Han-Zeit, entstanden ist, eine Blaupause der kaiserlichen Ideologie der Han – und ist es bis heute geblieben. Das daoistische Jenseits ist das Spiegelbild der kaiserlichen Bürokratie.

Es soll nicht bestritten werden, dass das *Huainanzi* für den Historiker ein sehr aufschlussreiches Werk ist. Es enthält eine systematisierte Darstellung älterer

Ideen und eine kleine Zahl neuer Ideen. Liu An hat die allgemeine Ausrichtung des Werks bestimmt, um in ihm gewisse intellektuelle Vorlieben und letztlich ein politisches Programm zum Ausdruck zu bringen. Jean Levi beleuchtet dies in seiner Einleitung zu den beiden von ihm übersetzten Kapiteln (IX. »De l'art du maître« – Von der Kunst des Herrschers[76], XV. »De l'utilisation des armes« – Vom Gebrauch der Waffen), aber ohne klar genug zu zeigen, dass das *Huainanzi* ein Plädoyer für die Unabhängigkeit der Erbfürsten ist, die wie Liu An selbst als Apanage über weite Ländereien verfügten, und, allgemeiner noch, ein Plädoyer für die Unabhängigkeit der lokalen Machthaber gegenüber der zentralistischen Politik des Kaisers Wu (r. 141–87), seines Neffen. Im Rahmen einer scharfsinnigen Analyse des Werks hat Griet Vankeerberghen[77] die Zweideutigkeit beschrieben, die Liu An, Prinz von Huainan, dem Werk, das mit seinem Namen verbunden blieb, verliehen hat: Es enthält sowohl das Lob des Weisen, dem in seiner Rolle als Souverän alles gelingt, als auch das Lob desjenigen, der bei der Verwirklichung seiner Ambitionen scheitert, weil ihm die Zeiten abhold sind – wie sie es gegen Liu An waren. Kurzum, für den Histo-

76 Der chinesische Titel lautet *Zushu*. Wäre es nicht treffender gewesen, dies mit »Die Kunst des Herrschens« zu übersetzen?

77 Vgl. Griet Vankeerberghen, The Huainanzi *and Liu An's Claim to moral Authority*, Albany, State University of New York Press, 2001.

riker ist das *Huainanzi* wertvoll, aber es handelt sich nicht um ein »philosophisches Meisterwerk«.[78]

Ebenso fragwürdig ist es, das *Huainanzi* ein »taoistisches« Werk zu nennen. Es ist gewiss vom *Laozi* inspiriert und entleiht zahlreiche Texte dem *Zhuangzi*, aber es stellt sie in eine Perspektive, die ihm eigen ist und die vom Tatbestand der inzwischen entstandenen kaiserlichen Macht nicht zu trennen ist. Man kann es zwar dem *politischen* Taoismus (*Huang-Lao*) zurechnen, der in der Zeit vor der Reichsgründung und auch noch während der Han-Dynastie eine bedeutende Rolle spielte. Dieser politische Taoismus bezog sich teilweise auf das *Laozi*, hat aber mit dem *Zhuangzi* nichts gemein, das zumindest in seinen ältesten Teilen ein grundverschiedenes Denken dar-

78 Chen Jing, die zum Philosophischen Institut der Akademie für Sozialwissenschaften in Peking gehört, hat im Jahr 2004 beim Verlag der Universität von Yunnan ein Werk mit dem Titel *Das Dilemma von Ordnung und Freiheit. Forschungen zum Huainanzi* (*Ziyou yu zhixu de kunhuo, Huainanzi yanjiu*) veröffentlicht. Sie legt überzeugend dar, dass das *Huainanzi* in dreifacher Hinsicht als unvollendet gelten muss: Sprachlich ist es oft schwerfällig; im Gebrauch der Quellen aus der vorkaiserlichen Zeit ist es unsystematisch, ja inkonsequent; und gedanklich ist es Liu An nicht gelungen, zu einer Synthese von Konfuzianismus und Taoismus (zwischen auferlegter und spontaner Ordnung) zu gelangen, wie sie ihm vorschwebte. Doch gerade wegen seiner Schwächen, so schließt Chen Jing, muss das Werk als ein kostbares Zeugnis seiner Zeit betrachtet werden.

stellt.[79] Der philosophische Taoismus (*daojia*), in dem das *Laozi* und das *Zhuangzi* vereint und mit der Zeit einander gleichgesetzt wurden, ist eine Erfindung der Han-Zeit. Die taoistische Religion (*daojiao*), ihrerseits, ist sozusagen der *Geist* der kaiserlichen Ideologie der Han, der sich vom Reich lossagt, als es im 2. Jahrhundert zu zerfallen beginnt, und von diesem Zeitpunkt an außerhalb der staatlichen Institutionen einen wesentlichen Teil der chinesischen Vorstellungswelt strukturiert. Man sieht, dass sich das Wort »Taoismus«, so wie wir es verwenden, auf ganz verschiedene historische Phänomene bezieht, die im Chinesischen klar auseinandergehalten werden. Verwendet man das Wort weiterhin ohne diese Ausdifferenzierungen, kann man die Leser nur verwirren. Sie verdienen es, über diese Dinge aufgeklärt zu werden. In dieser Hinsicht sind unsere Autoren ihrer Pflicht nicht nachgekommen und der Verleger wurde schlecht beraten: Das *Huainanzi* ist weder ein »philosophisches« Werk, zumindest nicht im heutigen Sinne des Wortes, noch ein »taoistisches« Werk, wenn man das Wort im heute verbreiteten Sinne versteht.

Die Veröffentlichung des *Huainanzi* in der *Bibliothèque de la Pléiade* war eine falsche Entscheidung, ein angemessenerer Rahmen für eine solche im Prinzip beachtliche Übersetzungsarbeit wäre eine wissenschaftliche Quellenreihe wie die der *Belles Lettres*

[79] Vgl. Jean François Billeter, *Études sur Tchouang-tseu*, a. a. O., insbesondere S. 255–263.

gewesen, in der man für Spezialisten Werke zweitrangiger griechischer oder lateinischer Autoren, oft aus der Spätzeit, herausgibt. Diese Edition wäre vorbehaltlos zu begrüßen und allenfalls einer rein technischen Kritik zu unterziehen gewesen.

Ich hebe diese Fehleinschätzungen hervor, weil sie zwangsläufig die Leserschaft beeinflussen. Die Neugier, die das Erscheinen dieses Werks hervorrief, wird bei den meisten Käufern in Ratlosigkeit umgeschlagen sein, als sie es zu lesen begannen. Sie dürften erneut das Gefühl empfunden haben, das sie schon früher gelegentlich überkommen hatte: dass China eine undurchdringliche Welt sei, für die sich, aus ebenfalls undurchdringlichen Gründen, Sinologen interessieren. Andere haben vermutlich in ihrer Lektüre eine Bestätigung ihrer Auffassung gefunden, wonach China ein *absolutes Anderswo* sei, dessen Reiz gerade in seiner Unverständlichkeit bestehe. Philippe Sollers hat in seiner Rezension in *Le Monde* diesen Ton angeschlagen: »Du, wohlwollender, wunderlicher und ehrlicher Leser hast derzeit nur ein Werk dringlichst zu erstehen, um es in den kommenden Jahren unaufhörlich zu ergründen: das wunderbare *Huainanzi* [...].« Das Werk wird einer allumfassenden »Pataphysik« einverleibt: »Harmonie durchdringt das All; die Wahlverwandtschaften nehmen ihren Lauf. Von Aussagen über das Nichts und die Leere geht es über zu kleinen Fabeln, die deren Auswirkungen auf das Dasein veranschaulichen.« Ein solch kapriziöses Lob ist schädlich, es gehört zu einem heute weit verbreiteten Gerede, das die Möglichkeit ernsthaften Denkens negiert und behauptet, dass die Welt, die man vergeblich zu verbessern versucht hat, letzten Endes gut ist, wie sie ist. Da ohnehin alle Lösungen imaginär seien, so will es dieses Gerede, lasst uns an den überraschendsten und abwegigsten Gedanken unsere Freude haben.

Die Sinologen sollten den Mythos vom »andersartigen« China bekämpfen, weil er eine intellektuelle Regression darstellt und weil er die Sinologie selbst bedroht. Das Studium der chinesischen Vergangenheit wird in unseren besten Bildungseinrichtungen immer mehr als etwas Hinfälliges betrachtet, weil es den Studenten als eine mehr und mehr sinnlose Beschäftigung vorkommt. Um diese Tendenz umzukehren, sollten die Sinologen aufhören, ihre Wissenschaft als Selbstzweck zu betreiben. Sie sollten offen aussprechen, warum es dieses oder jenes Werk ihrer Meinung nach verdient, einem breiteren Publikum zugänglich gemacht zu werden – oder es nicht verdient. Anstatt ein Werk der Öffentlichkeit nur aus dem einen und einzigen Grund anzupreisen, dass es chinesisch ist, sollten sie fortan zeigen, inwiefern es als bedeutender Bestandteil der menschlichen Geschichte überhaupt angesehen werden kann; sie sollten es entsprechend beleuchten, und zu allererst entsprechend übersetzen.

Eine Übersetzung ist nach zwei Gesichtspunkten zu beurteilen: nach dem Zweck, den sie sich setzt, und dem Publikum, an das sie sich richtet. Wenn diese Übersetzung des *Huainanzi* den Zweck gehabt hätte, den Nachwuchssinologen den Zugang zum

Originaltext zu erleichtern, würde man von ihrer Schwerfälligkeit absehen, die sich aus einer möglichst wörtlichen Wiedergabe des Originals ergibt. Alle Parallelismen werden Wort für Wort wiedergegeben. Die Übersetzer folgen durchgehend dem Gefüge des chinesischen Satzes, in dem das Wesentliche immer am Ende steht, wie lang der Satz auch sein mag, obwohl sie es meist sehr leicht durch eine französische Satzform hätten ersetzen können. Man würde auch hinnehmen, dass sie sich in der Wiedergabe der Schlüsselbegriffe an die üblichen sinologischen Konventionen halten. Da ihre Übersetzung aber für eine hoch angesehene und populäre Klassikerbibliothek bestimmt war, hätten sie etwas erfinderischer sein sollen. Es war ein Ding der Unmöglichkeit, das *Huainanzi* in eine schöne französische Prosa zu übertragen, aber es wäre durchaus möglich gewesen, seiner schwerfälligen Rhetorik eine gewisse Eleganz und Leichtigkeit zu verleihen. Die Übersetzer hätten jedoch vor allem versuchen sollen, den Sinn der Schlüsselbegriffe den Nicht-Sinologen zugänglicher zu machen, indem sie sie durch entsprechende abendländische Begriffe wiedergegeben hätten. Sie hätten *Dao* mit *Natur* übersetzen und an den klassischen Gegensatz von *natura naturans* und *natura naturata* erinnern können. Dadurch wäre das *Huainanzi* etwas weniger exotisch und viel verständlicher geworden. Der gebildete Leser, der die unterschiedlichen Bedeutungen kennt, die das Wort »Natur« und sein Vorgänger, *physis*, im Laufe der europäischen Geschichte angenommen haben, hätte dann von selbst bemerken können, dass er es hier mit einer für ihn in mancher Hinsicht neuen Auffassung der Natur zu tun hat. Es wäre ihm schnell klar geworden, dass das *Huainanzi* versucht, die kaiserliche Macht als naturgegeben und naturgemäß hinzustellen. Den Begriff *ganying* hätten sie mit »Sympathien« übersetzen können, anstatt mit »Resonanzen«, und hätten dadurch eine vollkommen berechtigte Beziehung zu gewissen Kosmologien der europäischen Renaissance hergestellt. »Korrespondenzen« hätte sich als eine weitere Lösung angeboten, um die Vorstellung auszudrücken, dass sich die Phänomene entsprechen und ihren natürlichen Entsprechungen gemäß aufeinander reagieren. Warum weiterhin *wuwei* mit »Nichthandeln« übersetzen? Denn so richtig diese Übersetzung in rein wörtlicher Hinsicht auch sein mag, ist sie dem Sinn nach falsch, weil das Verb *wei* »willentlich handeln« bedeutet, und *wuwei* somit keinesfalls ein »Nichthandeln« meinen kann, wie das gesamte *Huainanzi* deutlich genug belegt, sondern ein »Handeln, das nicht erzwingt«. Es wäre so einfach gewesen, »Nichthandeln« durch »Nichterzwingen« zu ersetzen und nötigenfalls die Form der Sätze, in denen die Wendung auftaucht, abzuwandeln. Das berühmte *wu wei er wu bu wei*, zum Beispiel, wäre nicht mehr durch das herkömmliche »wer sich im Nichthandeln übt, dem gelingt alles Handeln« übersetzt worden, sondern durch »wer nichts erzwingt, dem gelingt alles.« Den Autoren hätten sich zahlreiche Gelegenheiten geboten, uns den alten sinologischen Kram vom Hals zu schaffen, der den Zugang zu den chinesischen Texten versperrt. Mit ihrem *Pléiade*-Band haben sie diesen Zugang leider nur noch mehr verschüttet.[80]

Ich schließe mit einer letzten Bemerkung. Mir ist unbegreiflich, warum die Autoren der *Pléiade*-Ausgabe, obwohl sie immer wieder die Rolle hervorheben, die Liu An als Auftraggeber, Werkmeister und Endredaktor des *Huainanzi* gespielt hat, ihn nicht gleich auf der Titelseite als den Autor des Werkes genannt haben. Halten sie denn die »taoistischen« Philosophen für »Nichtpersonen«? Die namentliche Erwähnung des Autors hätte das Werk im Gegenteil weniger rätselhaft erscheinen lassen und in seinen geschichtlichen Zusammenhang gestellt. Der Titel des Werkes wäre verständlich geworden, und das Buch hätte ein Gesicht bekommen: »Liu An, Prinz von Huainan«.

80 Die *Pinyin*-Umschrift ist für den Nicht-Sinologen ein weiteres fast unüberwindliches Hindernis. Für eine mögliche Lösung dieses Problems im Französischen verweise ich auf mein Buch *Études sur Tchouang-tseu*, S. 287–291.

ANHANG

FRANÇOIS JULLIEN, ALLES IN ALLEM

Die Veröffentlichung von *Oser construire. Pour François Jullien*[81] hat sicherlich nichts Weltbewegendes an sich, aber dieses kleine Gemeinschaftswerk ist für eine Sachlage bezeichnend, die ich kurz beleuchten möchte.

Ich halte zunächst fest, dass die Autoren, die zur Verteidigung Julliens zur Feder gegriffen haben, nicht ein und denselben Standpunkt vertreten. Nach eigenem Bekunden verfolgt Jullien eine einzige Absicht: das »Ungedachte« unserer philosophischen Tradition offenzulegen. Bei diesem Unterfangen, so sagt er, »ist China nichts weiter als eine Zwischenstation, ein Stützpunkt, ein ›theoretischer Behelf‹, der es ermöglichen soll, unsere Tradition von außen zu betrachten.« Diese Idee wird in *Oser construire* aufgegriffen. Laut Pierre Chartier, dem großen Werk-

81 Pierre Chartier (Hrsg.), *Oser construire. Pour François Jullien*, Les Empêcheurs de penser en rond, Paris 2007. (»Das Konstruieren wagen. Für François Jullien«). Alle im Folgenden vermerkten Seitenzahlen beziehen sich auf diese Ausgabe.

meister dieses kleinen Bandes, »erhellt« das Werk von François Jullien »unser theoretisches Unbewusstes« und »erkundet neue Figuren des Denkbaren« (S. 7). Dies ist die erste Art von Plädoyer. Man findet sie auch bei Françoise Gaillard, derzufolge das Denken von François Jullien Angst einflößt, weil es die Grundfeste unserer intellektuellen und moralischen Gewissheiten erschüttert (S. 9 f.). Philippe d'Iribarne folgt einer anderen Verteidigungsstrategie. Er ist François Jullien dankbar dafür, dass er ihm gewisse Konstanten der chinesischen Kultur offenbart hat, die er vor Ort, während eines Aufenthaltes in der Filiale eines großen internationalen Konzerns, bestätigt fand: »Das Verständnis der Unterschiede zwischen den ›großen‹ Kulturen ist eine riesige Aufgabe, die gerade erst angepackt wurde. François Jullien sei Dank für die Pionierarbeit, die er auf diesem Gebiet geleistet hat« (S. 28). Mit Patrick Hockart, wie Françoise Gaillard ein Kollege von François Jullien an der Universität Paris VII, kehren wir wieder zur ersten Verteidigungsstrategie zurück: François Jullien hat sich zum Ziel gesetzt, so schreibt er, die Philosophie »in ganz neuer Weise zu hinterfragen«, sie »erneut in Schwung zu bringen« und dafür »stromaufwärts bis zur Quelle zu dringen« und »deren Anbeginn erneut freizulegen« (S. 45). Dieser Schöpfungsakt stellte François Jullien auf eine Ebene mit dem Descartes des *Discours de la méthode* (S. 50 f.). Wolfgang Kubin, ein deutscher Sinologe und Professor in Bonn, entdeckte nach eigener Auskunft beim Lesen von *Über das Fade*, wer Konfuzius eigentlich war, zeigt sich aber auch besorgt: »Leider ist François Jullien noch nicht von seinem Umweg über China zurückgekehrt und es fragt sich, ob er je zurückkehren wird. Ich sehe ihn eher in sein Werk eingehen, so wie ein chinesischer Maler, der, nachdem er sein Gemälde vollendet hat, sich darin zurückzieht und verschwindet« (S. 111). Eine solche Aussicht dürfte dem Pariser Philosophen kaum gefallen – aber Wolfgang Kubin ist, wie wir weiter unten noch sehen werden, ein ausgesprochener Wirrkopf. Léon Vandermeersch, ein eminenter Sinologe, der mit François Jullien sympathisiert, meint seinerseits, dass dessen Arbeiten »zur klassischen Sinologie gehören« (S. 125) – was ihm hoffentlich vergeben werden wird.

Erklärt sich diese fröhliche Kakophonie aus einer mangelnden Vorbereitung oder etwa aus dem Reichtum von François Julliens Werk, in dem jeder das Seine findet? Ich ziehe es vor, dessen Mehrdeutigkeit hervorzuheben, und füge gleich hinzu, dass ich Mehrdeutigkeit nicht für ein Übel halte. Wie der Psychoanalytiker Jean Allouche bemerkt, können Ambivalenz und Unvollkommenheit eines Werks Anzeichen des Ernstes sein, mit dem es sich einer wirklichen Schwierigkeit stellt (S. 33).

Eine grundsätzliche Ambivalenz

Die grundsätzliche Ambivalenz von François Julliens Werk liegt daran, dass er sich vornimmt, sich des chinesischen Denkens als eines Mittels zu bedienen, um das »Ungedachte« unserer philosophischen Tradition freizulegen, und zugleich einen Diskurs über das chinesische Denken als Ganzes hält. Er hätte sich mit der Erklärung begnügen können, dass ihn eine bestimmte Idee, eine gewisse Einstellung oder der Gedankengang eines chinesischen Autors zu einer neuen Fragestellung führt, etwa so wie es Michel Foucault zu Beginn von *Die Ordnung der Dinge* (*Les Mots et les choses. Une archéologie des sciences humaines*) fingiert hat. Dies wäre ein einwandfreies Vorgehen gewesen, aber François Jullien hat beides haben wollen: Er will gleichzeitig eine kritische philosophische Arbeit leisten und einen allgemeinen Diskurs über China halten, der – dies versteht sich von selbst – nichts anderes als ein *Konstrukt* sein kann. Aber eben dieser sehr fragwürdige Entschluss ist meines Erachtens der Grund seines Erfolgs. Dass seine Bücher zu Zehntausenden, ja Hunderttausenden in fünfzehn bis zwanzig Ländern Absatz finden, rührt im Wesentlichen daher, dass sie von China oder von unserem Verhältnis zu China handeln. Das »Ungedachte« allein hätte kaum zu solchen Auflagenzahlen geführt – aber nutzlos ist es nicht. Es zählt zu jenen Begriffen, die, wie Paul Valéry bemerkte, »einen treuhänderischen Wert« (une valeur fiduciaire) besitzen: Wer sie im Munde führt, genießt ein größeres Ansehen (crédit). Was ich François Jullien vorwerfe, ist, dass er sich mit der Würde des Philosophen schmückt, um einem gewissen Diskurs über China Glaubwürdigkeit zu verleihen, und sich hinter dem unabdingbaren Vorrecht des Philosophen verschanzt, wenn dieser Diskurs hinterfragt wird. Er hat günstige Umstände zu seinem Vorteil ausgenützt, aber für die Folgen seines Tuns keine Verantwortung übernommen.

Ein günstiger Umstand war zunächst das wachsende Interesse an China, am alten China wie auch am heutigen; ein Interesse, das in Frankreich mit einer bis ins 18. Jahrhundert zurückreichenden »philosophischen« Sinophilie einhergeht. Es war umso einfacher, dieses Interesse zu befriedigen, als selbst in gebildetsten Kreisen ein totales Unwissen über China und insbesondere über die chinesische Vergangenheit vorherrschte und noch immer weit verbreitet ist. Günstig war auch die Tatsache, dass insbesondere in Frankreich jedem Diskurs, der den Anstrich des »Philosophischen« hat, die größte Achtung entgegengebracht wird. Dies geht zurück auf Heidegger und seine Vorstellung, dass ein Philosoph, wenn er nur kühn genug ist, durch einen geistigen Akt die gesamte Philosophiegeschichte von ihrem Ursprung aus erfassen kann. Seit dem letzten Krieg hat diese Vorstellung in gewissen philosophischen Kreisen Frankreichs einen schwindelerregenden Erfolg gehabt.[82] François Jullien ist niemals Heideggerianer im engeren Sinne gewesen, aber er bewegt sich in diesem Fahrwasser und konnte mit dem Applaus je-

[82] Dies kann man in Dominique Janicauds zweibändiger Studie *Heidegger en France* nachlesen, in der die Beweisstücke zu dieser Frage versammelt sind. Albin Michel, Paris 2001. Bd. 1: *Récit*, Bd. 2: *Entretiens.*

ner Kreise rechnen, als er ankündigte, er werde das gesamte abendländische Denken und das gesamte chinesische Denken (ihm zufolge ein nicht philosophisches Denken) miteinander vergleichen und die »ursprüngliche Falte« aufzeigen, von der aus sich beide von Anfang an in zwei ganz verschiedene Richtungen entwickelt haben. François Jullien ist gefeiert worden, weil er gewissermaßen den Einsatz verdoppelt hat und diesen Kreisen darüber hinaus die Bürgschaft des Sinologen bot. Sein bald einsetzender Erfolg in Frankreich führte zu seinem internationalen Erfolg. Er wurde von einer »Dynamik der Gesamtlage« getragen, welche die Chinesen seit jeher mit dem Begriff *shi* bezeichnen, den er in seinem Buch *La Propension des choses* ausführlich behandelt hat.

Es genügt aber nicht, eine günstige »Dynamik der Gesamtlage« zu nutzen, wie es gute Strategen immer getan haben, in China und andernorts. Man muss sich auch fragen, was die vorhersehbaren und nicht vorhersehbaren Folgen seines Handelns sein werden. Es ist der Einfluss von François Julliens Werk, den ich für schädlich halte. Und weil dieser Einfluss ein solches Ausmaß angenommen hat, habe ich es für gut erachtet, meinen Standpunkt darzulegen.

Pierre Chartier mag glauben, dass die Arbeiten von François Jullien mich stören, weil sie unser »theoretisches Unbewusstes erhellen« oder »neue Figuren des Denkbaren erkunden«. Und es sei auch Françoise Gaillard freigestellt zu denken, dass sie mir Angst einflößen, weil sie meine Gewissheiten erschüttern. Sie jagen niemandem Angst ein, aber üben einen Einfluss aus, und dieser Einfluss scheint mir verhängnisvoll, weil er von den fragwürdigen Grundsatzentscheidungen herrührt, die das ganze Werk von François Jullien bestimmen.[83]

Sein Einfluss vernebelt. Er hindert seine Leser daran, die Probleme, die sich in China stellen, wahrzunehmen und folglich auch diejenigen, die sich in unserer Beziehung zu China stellen. In *Oser construire* schreibt Du Xiaozhen, Professorin für Philosophie an der Universität Peking, die Frankreich sehr gut kennt, dass »all die Bemühungen, die Generationen von chinesischen Intellektuellen angestellt haben, um zu einem wirklichen Dialog mit Europa zu gelangen, zu nichts geführt haben« (S. 124). Ich verstehe ihre Enttäuschung, fürchte aber, dass die Hoffnungen, die sie in das Werk von François Jullien setzt, um diese Situation zu überwinden, trügerisch sind.

Doch betrachten wir die Lage aus einem anderen Blickwinkel.

Gute und schlechte Manieren

Mir fällt die mangelnde Gewissenhaftigkeit auf, mit der die meisten Autoren in *Oser construire* vorgehen. Es kann niemandem entgehen, dass dieses *Für Fran-*

83 Der in der Erstveröffentlichung an dieser Stelle folgende Exkurs über Heidegger und Arendt wird hier ausgelassen.

çois Jullien eine Entgegnung auf mein *Gegen François Jullien* sein soll, doch abgesehen von Ramona Nadaff erwähnt keiner der Autoren auch nur ein einziges meiner Argumente. Bei denen, die mich nicht gelesen haben und von ihrem eigenen Standpunkt aus Fürsprache für François Jullien einlegen, ist das verständlich. Bei denen, die vorgeben, mich gelesen zu haben, finde ich dies verwunderlich. Nicht weniger verwunderlich finde ich, dass jene, die mich angreifen, ob namentlich oder indirekt, es versäumt haben, sich über meine Ideen zu informieren. Und komisch finde ich, dass einige mir methodologische Argumente entgegenhalten, die sie bei mir hätten nachlesen können: so Jean-Marie Schaeffer in der Frage der Wahl des zeitlichen Rahmens (S. 74–77) oder Bruno Latour zum problematischen Gebrauch von Begriffen wie »Macht« oder »Herrschaft«, mit denen das Spezifische der chinesischen Phänomene nicht erfasst werden könne (S. 136) – in dieser Frage verweise ich auf den zweiten Teil meines Buchs *La Chine trois fois muette* (*Das dreifach stumme China*). Zu den kulturellen Unterschieden, die mir Philippe d'Iribarne entgegenhält, siehe oben, S. 38–40. Geradezu rührend finde ich die Einfalt von Françoise Gaillard, die beim Lesen von *Gegen François Jullien* entdeckt hat, dass ich Sinologe bin, und daraus folgert, ich wäre *ipso facto* der »Hüter der Fach-Orthodoxie« (S. 9). Das war schon die Verteidigungsstrategie von Roger-Pol Droit, der in seiner Chronik für die Literaturbeilage der Tageszeitung *Le Monde* meine Streitschrift nicht schlechthin totschweigen konnte und daher von einem Sinologen-Scharmützel sprach, das ein »Taoismus-Spezialist« vom Zaun gebrochen habe (siehe *Le Monde des livres*, September 2006). Françoise Gaillard, die ihre Einbildungskraft nicht immer zu zügeln weiß, geißelt mein Buch als eine »sorgfältig orchestrierte Attacke«, als einen »verstohlenen Seitenangriff, wie man ihn aus den Inquisitionsprozessen kennt« (S. 11). Sie macht sich selber Angst. Ich bewundere auch Wolfgang Kubins Kühnheit, der »die großen Sinologen«, darunter François Jullien, von den »kleinen Sinologen« unterscheidet, »die im Allgemeinen des Denkens nicht fähig sind oder nicht denken können, weil ihnen der Wille, die Fähigkeit oder die Erlaubnis dazu fehlt« (S. 109). Die Frage, zu welcher Kategorie er selbst einmal gehören wird, scheint er sich nicht gestellt zu haben. Obwohl er mich überhaupt nicht kennt, führt er meine Kritik an François Jullien auf den Neid zurück, den dessen große Auflagen bei mir erweckt hätten (S. 109). Leichtfertig glaubt er, sich an einen Artikel von mir zu erinnern, der um 1990 in einer Berliner Tageszeitung erschienen sein soll, in dem ich, nach der Niederschlagung der demokratischen Bewegung von 1989, das völlig verfehlte Wort »Despotismus« gebraucht hätte – aber einen solchen Artikel hat es nie gegeben. Zum Beitrag von Léon Vandermeersch möchte ich mich, aus Achtung vor ihm, lieber nicht aussprechen. In dieser Sache sind merkwürdigerweise die beiden Sinologen die Klassenletzten. Ich schätze den Beitrag der kalifornischen Professorin Ramona Nadaff. Sie ist die Einzige, die sich auf die

Verschiedenheit der Argumente einlässt. Bevor man kritisiert, bemüht man sich in den angelsächsischen Ländern mehr als in Frankreich darum, sich zunächst zu informieren. Da der Titel meiner Streitschrift für ihre vielleicht etwas postmoderne Auffassung vom Pluralismus anstößig zu sein scheint, möchte ich sie daran erinnern, das er sich einer Tradition anschließt, zu der sowohl Origines' *Gegen Kelsos* als auch Prousts *Gegen Sainte-Beuve* zählen – womit ich mich keinesfalls auf eine Stufe mit diesen Autoren stellen möchte. Ein solcher Titel ist kein Angriff gegen eine Person, sondern das Mittel, um der Öffentlichkeit ein grundlegendes Problem zu unterbreiten.

Man wird sich natürlich fragen, welchen Gepflogenheiten dieses *Für François Jullien* entspringt. Man wird sich insbesondere im Ausland diese Frage stellen, sollte dieser kleine Band je dorthin gelangen. Ich fürchte, dass man die Erklärung in gewissen Pariser Bräuchen wird suchen müssen, die Jean-François Revel bereits in den Fünfzigern des vergangenen Jahrhunderts in *Pourquoi des philosophes*[84] angeprangert hat. Er beleuchtete darin die aus der unheilvollen Verflechtung zwischen den akademischen Kreisen und dem Verlags- und Pressewesen resultierenden Machenschaften. Ein heutiges Beispiel dafür ist

84 Erschienen bei Julliard 1957 und Laffont 1979, 1997. In dieselbe Richtung argumentiert Perry Anderson in seinem sehr empfehlenswerten Buch *La pensée tiède. Un regard sur la culture française* (Seuil, 2005).

Roger-Pol Droit, der seit bald zwanzig Jahren ununterbrochen in *Le Monde des livres* die Bücher von François Jullien anpreist. In den Kreisen, in denen man sich gegenseitig schont und Gefälligkeiten erweist, verkümmert die Kontroverse und mancher gewöhnt sich daran, dass man ihm aufs Wort glaubt. Ist es nicht bezeichnend, dass François Jullien seiner Entgegnung auf meine Streitschrift, *Chemin faisant. Réplique à* ***, folgende Widmung vorangestellt hat: »Für einige Freunde, die zu zweifeln begannen«?

Was mich noch mehr frappiert, ist, dass das wirkliche China für die Autoren von *Oser construire* so gut wie nicht existiert. Von China aus betrachtet leben sie in völliger geistiger Isoliertheit. Bei Alain Badiou ist diese Isoliertheit besonders beängstigend. Da sein Beitrag den Band beschließt, hat er das letzte Wort. In seiner geschraubten Prosa, die keine Erwiderung zulässt, behauptet er, dass jeder, der für die Demokratie in China eintritt, dazu beiträgt, das Land »in den einheitlichen Rahmen der repräsentativen Demokratie und der freien Marktwirtschaft« einzukerkern, anders gesagt: es dem »homogenen Gesetz des Kapitals« zu unterwerfen; laut Badiou macht sich jeder, der sich in diesem Sinne äußert, zu einem »Furier des Abendlandes« (S. 149 f. – in der Textanalyse versierte Leser möchte ich bitten, nachzuprüfen, ob ich den Philosophen richtig verstanden habe). Etwas weiter im Text drückt sich Alain Badiou deutlicher aus: »Letztlich schenkt François Jullien dem Denken eine Hypothese, die heute fundamental ist: Es gibt gewiss nur eine Welt, aber diese eine Welt wird von verschiedenen Denkformen strukturiert.« (S. 150) Das werden die chinesischen Staatsbürger, die um ihre Rechte und politischen Freiheiten kämpfen, gewiss gerne hören. Alain Badiou geht freilich noch weiter, denn bekanntlich hält er unerschütterlich daran fest, dass Mao Zedongs Kulturrevolution im Jahre 1966 ein entscheidender Fortschritt in der revolutionären Praxis gewesen sei; eine diesbezügliche Anspielung ist auf Seite 151 zu lesen. Sein Realitätsverlust und sein Kammerradikalismus erinnern an die weltfernen theoretischen Betrachtungen, in denen sich zahlreiche deutsche Intellektuelle zur Zeit von Hitlers Machtergreifung ergingen und gegen die sich Hannah Arendt gewandt hat. Alain Badious Verirrung, die glücklicherweise keine praktische Folgen hat, wundert mich umso mehr, als er der Autor einer bemerkenswerten Studie über Paulus ist, den er als den Erfinder des Universalismus betrachtete. Da Paulus im Menschen das *zum Ereignis fähige Wesen* sah, so schrieb damals Alain Badiou, habe er den Grundsatz des Universalismus entdeckt, denn alle gesonderten Zugehörigkeiten seien im gleichen Maße dazu bestimmt, durch das Aufkommen des Neuen aufgehoben zu werden. Das meine Paulus, wenn er proklamiert, dass es keinen Unterschied zwischen Juden und Griechen gebe (Römerbrief 10:12). Was ist nur aus diesem schönen Grundsatz geworden?

Von den rund zwanzig Rezensionen, die in der Presse zu *Contre François Jullien* erschienen sind, spricht nur eine einzige über die heutigen Entwicklungen in China, über die Bedeutung, die sie für uns haben könnten, und über die Relevanz der Fragen, die ich in diesem Zusammenhang gestellt habe. Es handelt sich um die in der *New Left Review* (Nr. 44, März–April 2007) erschienene Rezension von Henry Zhao (Zhao Yiheng), der lange Zeit an der Universität London chinesische Gegenwartsliteratur gelehrt hat und mittlerweile in China lebt. Er hat sich die Mühe gemacht, das Wesentliche in François Julliens Arbeiten – auf redliche und leicht humorvolle Weise – zusammenzufassen und anschließend – mit derselben Eleganz – meine Einwände darzulegen; zum Schluss hebt er die brennende Aktualität der gestellten Fragen hervor. Ich weise die Leser, die über den gegenwärtigen Stand der Diskussion in Frankreich hinausgelangen wollen, auf diesen Text hin.

Doch eine wichtige Frage bleibt noch zu erörtern.

Die Frage der Sprache

Alain Badiou beklagt sich über die Sinologen, die sich, sobald sie befragt werden, hinter den Schwierigkeiten der chinesischen Sprache verschanzen (S. 148), während etwas weiter oben der Sinologe Léon Vandermeersch vom »abgrundtiefen Unterschied« zwischen dem Chinesischen und den indoeuropäischen Sprachen spricht (S. 125). François Jullien hat seinen Umweg über China stets auch mit dem Argument der nicht-indoeuropäischen Sprache begründet. Die Frage ist nicht einfach und wird auch dadurch nicht einfacher, dass Françoise Gaillard verkündet, sie vertraue François Jullien, *weil er Chinesisch spricht* (S. 14). Man bewundere die Subtilität ihrer Beweisführung: Sie beruht auf der Unterscheidung zwischen »Alterität« und »Heterotopie«. Die Alterität ist für sie ein armseliger Gemeinplatz, die Heterotopie hingegen eine *erdachte* Welt, die im Falle Chinas zugleich mit einer realen Welt zusammenfällt. China, sagt sie, Deleuze zitierend, »ist eine mögliche Welt, die zur Wirklichkeit wird, sobald man anfängt, Chinesisch zu sprechen« (ibid.). Anders als all jene, die einfältig an die Alterität Chinas glauben (wie Léon Vandermeersch, S. 125), komme François Jullien eine nicht zu hinterfragende Autorität zu, weil er die Personalunion des Philosophen und des Sprechers verkörpert. Eine recht abenteuerliche Argumentation, wie mir scheint.

Was man hier vergisst, ist erstens, dass die Differenz zwischen dem Chinesischen und den indoeuropäischen Sprachen keine *abgrundtiefe* Differenz sein kann, da die Übersetzung im Allgemeinen ja durchaus möglich ist; zweitens, dass die Sprache eine praktische Funktion erfüllt und die Situationen, in denen das Chinesische von jeher benutzt worden ist, *mutatis mutandis* mit denen vergleichbar sind, in denen unsere Sprachen benutzt worden sind, sodass den Unterschieden im Aufbau der Sprachen nur eine *relative* Bedeutung zukommt. Der gesunde Menschenverstand weiß das, Philosophen hingegen neigen dazu, dies zu vergessen. Sie vergessen es, wenn sie abstrakt über Sprachen zu spekulieren beginnen. Sie vergessen es insbesondere, wenn sie Begriffe studieren, ohne auf die Sätze, oder allgemeiner gesprochen: auf die Sprachspiele zu achten, in denen sie eine Rolle spielen, und noch weniger auf die praktischen Situationen, in denen die Sprachspiele stattfinden. Nach Wittgenstein und Valéry, der den Mechanismus dieses philosophischen Aberglaubens auf so bemerkenswerte Weise zerlegt hat, hätte dieser Begriffskult eigentlich verschwinden müssen. Er entsteht aber immer wieder neu, besonders in akademischen Kreisen. Heidegger hat ihn sehr gefördert, weil er behauptete, durch das Ringen mit einer kleinen Zahl griechischer und deutscher Wörter zur Quelle des Denkens und zum Ursprung des Seins zurückfinden zu können. Damit will ich keineswegs die Bedeutung der Wort- und Begriffsgeschichte in Abrede stellen, und auch nicht François Julliens Verdienste auf diesem Gebiet. Ich bewundere beispielsweise seine genaue Studie zum *wen* in *La Valeur allusive*. Noch weniger leugne ich den Wert klarer Begriffe, die wir klugen Köpfen verdanken, in der Philosophie und anderen Bereichen. Ich verabscheue aber die philosophische Exotik, die darin besteht, mit von weit her entliehenen Begriffen zu prunken, deren Gebrauch für den Leser undurchschaubar bleiben muss, weil er die Herkunftssprache nicht kennt. François Jullien hat von diesem Verfahren häufig Gebrauch gemacht und es, auf die Gutgläubigkeit seiner Leserschaft spekulierend, bis zum Missbrauch getrieben. Solches Unwesen ist nicht neu. In Janicauds bereits erwähntem Werk zu *Heidegger in Frankreich* sieht man genau, welche Schlüsselrolle die Unkenntnis der deutschen Sprache im französischen Heideggerianismus gespielt hat.

Indessen hat die Sprachfrage einen anderen, interessanteren Aspekt. François Jullien hat ganz richtig beobachtet, dass, nach den überkommenen Texten zu urteilen, die Chinesen schon sehr früh eine Neigung entwickelt haben, sich mit Hilfe von Anspielungen oder Andeutungen auszudrücken. Er hat hie und da darauf hingewiesen, dass es dafür politische Gründe gab. Der Despotismus ist sicherlich der Offenheit des Ausdrucks nicht förderlich. Aber François Jullien hat daraus einen allgemeinen Gegensatz zwischen einer vermeintlich chinesischen Diskursform und einer vermeintlich abendländischen Diskursform abgeleitet. Dabei ist ihm entgangen, dass es an Beispielen heiteren Freimuts in gewissen chinesischen Quellen keineswegs mangelt (es kommt eben darauf an, welche Quellen man heranzieht) und dass umgekehrt ein verschlüsselter Gebrauch der Sprache in unserer eigenen Geschichte alles andere als Seltenheitswert besitzt, sei es aus politischen Gründen, der Höflichkeit halber oder im Dienst einer subtilen Überzeugungskunst. In seinen jüngeren Werken ist Jullien noch einen Schritt weiter gegangen. Er behauptet, dass sich die »chinesische Diskursform« durch den Willen auszeichne, sich jeglicher *Setzung* zu enthalten, durch den Willen, sich vor jeder These zu hüten, um für alle Thesen offen zu bleiben und sich keiner zu verpflichten, weil jede Äußerung partial sei und notwendigerweise die Vielfalt des Möglichen verrate. Dies ist der Punkt, an dem ich mich völlig von Jullien unterscheide. Nicht was den Sachverhalt betrifft, sondern was seine Interpretation anbelangt. Recht hat er, wenn er das Vorhandensein einer solchen Auffassung in China aufzeigt; falsch liegt er meines Erachtens, wenn er suggeriert, dass diese Art und Weise, sich jeder Setzung zu enthalten, von einer höheren Weisheit zeuge. Wie ich andernorts erläutert habe, sehe ich darin die Verneinung der eigentlichen Funktion der Sprache und damit ihrer Autonomie. Eben diese Verneinung scheint mir aber ganz wesentlich zu der Kultur zu gehören, die ich die kaiserliche Ideologie genannt habe: die Kultur, die der vorkaiserliche Despotismus, und später zur Hauptsache der kaiserliche, mit der Zeit erschaffen hat, um den eigenen Fortbestand zu gewährleisten. Ich sehe diese Verneinung daher als ein datierbares historisches Phänomen an und betrachte es in philosophischer Hinsicht als eine Regression. Die Idee der Autonomie der Sprache findet sich bei verschiedenen Denkern der vorkaiserlichen Antike und ist dann verschwunden. Ihre tiefsinnigste Formulierung ist im zweiten Kapitel des *Zhuangzi* zu finden, und daher ist die Interpretation dieses Textes für das Verständnis der chinesischen Geistesgeschichte von strategischer Bedeutung. In diesem kurzen Traktat ist die Autonomie der Sprache voll erkannt und mit ihr die Freiheit, die wir besitzen, unsere Anschauung der Wirklichkeit frei zu gestalten und sie mit anderen zu teilen. François Jullien hingegen, der sich an die Deutung dieses Textes hält, wie sie während der gesamten Kaiserzeit gegolten hat, sieht darin nichts als eine Abwertung der Sprache. Leser, die sich für diese unterschiedlichen Interpretationen interessieren, verweise ich auf meine unten abgedruckte Rezension zu François Julliens *Si parler va sans dire. Du logos et d'autres ressources* (2006).

In diesem Buch setzt er dem griechischen *Logos* eine »taoistische« Sprachauffassung entgegen, der zufolge sich die Sprache einer stets im Wandel begriffenen Wirklichkeit anzupassen habe und letztlich, selbst beinahe aufgehoben, nur noch der Offenbarung dieser sich wandelnden Wirklichkeit dient. Es ist nur zu verständlich, dass eine solche Sprachauffassung das Interesse des Psychoanalytikers Jean Allouche geweckt hat. In *Oser construire* richtet er seine Aufmerksamkeit unter anderem auf François Julliens Stil. Er spricht von einer »lexikalischen Üppigkeit« und einer Weitschweifigkeit, die mit einer gewissen Unfähigkeit zusammenzuhängen scheint, zu sagen, was er eigentlich sagen möchte. Der Psychoanalytiker weist auch auf das Unbehagen hin, das François Jullien zu erfassen scheint, wenn er *volens nolens* Texte übersetzen muss, die er eigentlich für unübersetzbar hält (S. 34–36). Jean Allouch sieht darin das Anzeichen einer grundlegenden Schwierigkeit, die andere zu verheimlichen suchen (Lacan ist nicht weit), während François Jullien sie verdientermaßen spürbar werden lasse. Ich finde diese Beobachtungen sehr zutreffend, aber interpretiere sie anders. In seinem Buch beschränkt sich François Jullien nicht darauf, das, was er »die taoistische Sprachauffassung« nennt, zu definieren. Er preist sie, und mehr noch: Er macht sie sich zu eigen. Jean Allouch glaubt, bei ihm eine »gewisse Beeinflussung seines Schreibens durch China« (S. 38) feststellen zu können. Ich würde eher sagen, dass François Jullien von Buch zu Buch ein und denselben durch China inspirierten Traum weiterträumt: den Traum von einer Sprache, die sich so sehr verflüchtigt, dass sie schließlich ohne weitere sprachliche Vermittlung den unfassbaren Grund der Dinge erscheinen lässt. Wie die chinesischen Denker, die er zitiert, möchte er gerne *sprechen* können, ohne sich je über etwas *aussprechen* zu müssen und sich durch einen Sprechakt zu *verpflichten* – das heißt: ohne den Akt, durch den wir freie Menschen werden. Seit langem schon denke ich, dass eben dies der Grund seines Denkens ist. Wird er mir entgegenhalten, dass ich einen anderen Traum träume?

ZU SI PARLER VA SANS DIRE
Eine Rezension*

Julliens Buch *Si parler va sans dire. Du logos et d'autres ressources* (Paris, Editions du Seuil, 2006) ist ein sehr ausführlicher Kommentar zu Abschnitten aus dem zweiten Kapitel des *Zhuangzi* und zu einigen Paragraphen aus dem *Laozi*. Er entnimmt diesen diversen Auszügen eine »taoistische« Sprachauffassung, die er dadurch »wirken lässt«, dass er sie der aristotelischen entgegensetzt, die hauptsächlich im Buch *Gamma* der *Metaphysik* enthalten ist.

Im *Zhuangzi* beachtet er einzig und allein die Idee der grundsätzlichen Unzulänglichkeit der Sprache. Er übersieht eine andere Gegebenheit, die Zhuangzi beleuchtet: die Veränderung, die sich in unserem Bezug zur Außenwelt einstellt, sobald wir sprachtätig werden. Er ignoriert auch seine Analyse der logischen Natur der Sprache. Hätte er nicht vorweg beschlossen, Aristoteles und Zhuangzi systematisch einander entgegenzusetzen, hätte er bemerkt, dass beide von ein- und derselben Tatsache ausgehen: Beide haben erkannt, dass die Sprache notwendigerweise von einem ersten willkürlichen Setzungsakt ausgehen muss. »In der Wirklichkeit gibt es keine festen Abgrenzungen, in der Sprache nichts Beständiges. Erst wenn man [durch einen Sprechakt] etwas *gesetzt* hat, entstehen Unterscheidungen«, schreibt Zhuangzi (Kapitel 2, Qiwulun 2/g/55; siehe J. F. Billeter: *Études sur Tchouang-tseu*, S. 156). Aristoteles: »Nichts *setzen* hebt die Diskussion und, allgemeiner gesprochen, den Logos auf« (Metaphysik 1063b; von François Jullien auf Seite 50 zitiert). Und nochmals Aristoteles: »Erst durch Ruhe und *Halt* erkennt und denkt die Vernunft« (Physik VII/3/247b; zitiert auf S. 73). Aristoteles und Zhuangzi sind sich in diesem wesentlichen Punkt und hinsichtlich mehrerer sich daraus ergebender Konsequenzen einig. Dass sie dann verschiedene Wege einschlagen, liegt daran, dass sie unterschiedliche Interessen verfolgen: Aristoteles geht es um die logische Strenge und die Stichhaltigkeit in der Diskussion; Zhuangzi um die kritische Distanz zur Sprache, die erforderlich ist, um souverän mit ihr umzugehen und nicht ihren Illusionen zu erliegen. François Jullien scheint den treffenden und schlagfertigen Ausdruck, der in Zhuangzis Dialogen so sehr auffällt, nicht wahrgenommen zu haben. Diese seine selektive Blindheit ist natürlich seiner Interpretation sehr dienlich.

In seiner Benutzung der Quellen ist er nicht minder selektiv. Von den älteren Kommentaren, denen er angeblich großes Gewicht beimisst, zitiert er nur Guo Xiang (sowie Wang Bi für das *Laozi*) und übernimmt sämtliche Vorurteile von ihm. Von den zeitgenössischen Exegeten erwähnt er einzig Mou Zongsan (S. 40), einen Neokonfuzianer, der sich ebenfalls auf Guo Xiang beruft; von den europäischen Sinologen beachtet er nur eine 1969 von A. C. Graham verfasste Studie, die 2003 neu aufgelegt worden ist und zur Zeit ihrer Erstveröffentlichung als bahnbrechend gelten durfte, deren Lesarten François Jullien aber nur teilweise folgt. Was die Übersetzung betrifft, so hält er sich an die von Liou Kia-hway (Gallimard 1969, 1980), die oft kritisiert wurde, die er jedoch ›für fehlerlos, ja elegant und deshalb über alle Kritik erhaben‹ hält (S. 49). Alles andere scheint für ihn null und nichtig. Ich füge hinzu, dass meines Erachtens manche Abschnitte, auf die er sein »taoistisches Sprachdenken« gründet, überhaupt nicht von der Sprache handeln, insbesondere nicht der Beginn des zweiten Kapitels aus dem *Zhuangzhi*.

François Jullien erwähnt, dass *Si parler va sans dire* die Fortsetzung von *Un sage est sans idée, ou l'autre de la philosophie* (1998) bildet, einem Buch, dessen zweiter Teil schon ein Kommentar zum zweiten Kapitel des *Zhuangzhi* war.

* Rezension zu *Si parler va sans dire*, erschienen in der Zeitschrift *Études chinoises* (vol. XXV, 2006, S. 241 f.). Mit freundlicher Genehmigung des Herausgebers.

DIE WERKE VON FRANÇOIS JULLIEN

Als diese Streitschrift im Frühjahr 2006 erschien, hatte François Jullien bereits 22 Werke veröffentlicht, 18 von ihnen seit 1989, also mehr als ein Buch pro Jahr. Seither hat er die Schlagzahl nochmals erhöht, wie die folgende Liste belegt, in der nur die Erstausgaben aufgeführt werden. Die meisten dieser Werke sind als Taschenbuchausgaben neu aufgelegt worden. In rund 25 Ländern liegen Übersetzungen vor. Hier werden nur deutsche Übersetzungen erwähnt. Wenn nicht anders vermerkt, ist der Verlagsort der französischen Ausgaben Paris.

François Jullien hat auch über Artikel, Gespräche, Radiosendungen und Vortragsreisen in Frankreich und in anderen Ländern Einfluss ausgeübt; dieser Teil seines Schaffens ist hier nicht berücksichtigt. Seinen *Vortrag über die Effizienz* hat er mehrfach vor Unternehmern und Managern gehalten. Er hat Geschäftsleute und Politiker hohen Ranges auf ihren Reisen nach China begleitet. Mit seinen ins Chinesische übersetzten Werken hat er sich dort in gewissen akademischen Kreisen viel Ansehen verschafft.

François Jullien ist gegenwärtig Professor an der Université Paris Diderot und Direktor zweier Forschungseinrichtungen dieser Universität: des Centre Marcel Granet und des Institut de la pensée contemporaine. Er ist gleichzeitig Inhaber des Lehrstuhls für Alterität (Chaire sur l'altérité), der an der Maison des Sciences de l'Homme eigens für ihn eingerichtet wurde, und *senior member* des Institut universitaire de France. Er ist Herausgeber verschiedener Schriftenreihen, namentlich bei den Presses universitaires de France. Er gründete 1982 die Zeitschrift *Extrême-Orient Extrême-Occident*. Von 1995 bis 1998 leitete er das Collège international de philosophie.

Lu Xun. Écriture et révolution. Presses de l'Ecole Normale Supérieure, 1979.

Lu Xun, *Fleurs du matin cueillies le soir*. Traduction de F. Jullien. Lausanne, Eibel, 1976.

Lu Xun, *Sous le dais fleuri*. Traduction de F. Jullien. Lausanne, Eibel, 1978.

La Valeur allusive. Des catégories de l'interprétation poétique dans la tradition chinoise. Ecole Française d'Extrême-Orient, 1985.

Procès ou création. Une introduction à la pensée des lettrés chinois. Seuil, 1989.

L'art de la liste (avec François Martin, Karine Chemla, Jean-Pierre Cabestan et Jacqueline Pigeot), *Extrême-Orient Extrême-Occident*, N° 12, 1990.
[*Die Kunst, Listen zu erstellen* (zusammen mit François Martin, Karine Chemla, Jean-Pierre Cabestan und Jacqueline Pigeot. Hrsg. von François Jullien. Aus dem Franz. übers. von Ronald Voullié, Berlin, Merve 2004.]

Éloge de la fadeur. A partir de la pensée et de l'esthétique de la Chine. Picquier, 1991.
[*Über das Fade – eine Eloge: zu Denken und Ästhetik in China.* Aus dem Franz. von Andreas Hiepko und Joachim Kurtz, Berlin, Merve 1999.]

La Propension des choses. Pour une histoire de l'efficacité en Chine. Seuil, 1992.

Figures de l'immanence. Pour une lecture philosophique du Yi king. Grasset, 1993.

Zhong yong ou la Régulation à usage ordinaire. Traduction, introduction et commentaire de F. Jullien. Imprimerie Nationale, 1993.

Le Détour et l'accès. Stratégies du sens en Chine, en Grèce. Grasset, 1995.
[*Umweg und Zugang: Strategien des Sinns in China und Griechenland.* Aus dem Franz. von Markus Sedlaczek, Wien, Passagen 2013 (2. durchgesehene Auflage – 1. Auflage: 2000)]

Fonder la morale. Dialogue de Mencius avec un philosophe des Lumières. Grasset, 1995.
[*Dialog über die Moral: Menzius und die Philosophie der Aufklärung.* Aus dem Franz. von Ronald Vouillé, Berlin, Merve 2003.]

Traité de l'efficacité. Grasset, 1997.
[*Über die Wirksamkeit.* Aus dem Franz. von Gabriele Ricke und Ronald Voullié, Berlin, Merve 1999.]

Un Sage est sans idée ou l'Autre de la philosophie. Seuil, 1998.
[*Der Weise hängt an keiner Idee: das Andere der Philosophie.* Aus dem Franz. von Markus Sedlaczek, München, Fink 2001.]

De l'Essence ou Du nu. Seuil, 2000. (Nouvelle édition: *Le Nu impossible.* Seuil, 2005.)
[*Vom Wesen des Nackten.* Mit Fotografien von Ralph Gibson. Aus dem Franz. von Gernot Kamecke, München, Sequenzia 2003.]

Du »temps«. Éléments d'une philosophie du vivre. Grasset, 2001.
[*Über die »Zeit«: Elemente einer Philosophie des Lebens.* Aus dem Franz. von Heinz Jatho, Zürich, Diaphanes 2004.]

La Grande Image n'a pas de forme, ou Du non-objet par la peinture. Seuil, 2003.
[*Das große Bild hat keine Form oder vom Nicht-Objekt durch Malerei: Essay über Desontologisierung.* Aus dem Franz. von Markus Sedlaczek, München, Fink 2005.]

La Chaîne et la trame. Du canonique, de l'imaginaire et de l'ordre du texte en Chine [in der von F. Jullien 1982 gegründeten Zeitschrift *Extrême-Orient Extrême-Occident* erschienene Artikel]. Presses universitaires de France, 2004.

L'Indifférence à la psychanalyse. Sagesse du lettré chinois, désir du psychanalyste. Rencontres avec François Jullien. Presses universitaires de France, 2004.

L'Ombre au tableau. Du mal ou du négatif. Seuil, 2004.
[*Schattenseiten: vom Bösen oder Negativen.* Aus dem Franz. von Dirk Weissmann, Zürich, Diaphanes 2005.]

Nourrir sa vie. A l'écart du bonheur. Seuil, 2005.
[*Sein Leben nähren. Abseits vom Glück.* Aus dem Franz. von Ronald Vouillé, Berlin, Merve 2006.]

Conférence sur l'efficacité. Presses universitaires de France, 2005.
[*Vortrag vor Managern über Wirksamkeit und Effizienz in China und im Westen.* Aus dem Franz. von Ronald Voullié, Berlin, Merve 2006.]

Eine Dekonstruktion von außen. Von Griechenland nach China oder wie man die festgefügten Vorstellungen der europäischen Vernunft ergründet (zweisprachig dt./frz.), erschienen in der Reihe: *Deutsch-französische Wechselwirkungen.* Aus dem Französischen von Felix Heidenreich, Stuttgart, DVA-Stiftung 2005.

Si parler va sans dire. Du logos et d'autres ressources. Seuil, 2006.

*Chemin faisant. Connaître la Chine, relancer la philosophie. Réplique à ****. Seuil, 2007.

De l'Universel, de l'uniforme, du commun et du dialogue entre les cultures. Fayard, 2008.
[*Das Universelle, das Einförmige, das Gemeinsame und der Dialog zwischen den Kulturen*. Aus dem Franz. von Ronald Voullié, Berlin, Merve 2009.]

Les Transformations silencieuses. (Chantiers I) Grasset, 2009.
[*Baustellen. Teil 1: Die stillen Wandlungen*. Aus dem Franz. von Ronald Vouillé, Berlin, Merve 2010.]

L'Invention de l'idéal et le destin de l'Europe. Seuil, 2009.

Le Pont des singes. De la diversité à venir. Galilée, 2010.
[*Die Affenbrücke: kulturelle Fruchtbarkeit statt nationaler Identität. Über künftige Diversität*. Aus dem Franz. von Paul Maercker, Wien, Passagen 2013 (2. durchgesehene Auflage – 1. Auflage: 2011.)]

Cette étrange idée du beau. Grasset, 2010.
[*Die fremdartige Idee des Schönen*. Aus dem Franz. von Christian Leitner, Wien, Passagen 2012.]

Philosophie du vivre. Gallimard, »Bibliothèque des idées«, 2011.
[*Philosophie des Lebens*. Aus dem Franz. von Erwin Steinbach, Wien, Passagen 2012.]

Entrer dans une pensée ou Des possibles de l'esprit. Gallimard, 2012.
[*Denkzugänge. Mögliche Wege des Geistes*. Aus dem Franz. von Till Bardoux, Berlin, Matthes & Seitz Berlin 2015.]

Cinq concepts proposés à la psychanalyse. Grasset, 2012.
[*China und die Psychoanalyse: fünf Konzepte*. Aus dem Franz. von Erwin Landrichter, Wien, Turia + Kant 2013.]

L'Ecart et l'autre. Leçon inaugurale de la Chaire sur l'altérité. Galilée, 2012.
[*Der Weg zum Anderen: Alterität im Zeitalter der Globalisierung*. Aus dem Franz. von Christian Leitner, Wien, Passagen 2014.]

De l'intime. Loin du bruyant Amour. Grasset, 2013.

[*Vom Intimen. Fern der lärmenden Liebe.* Aus dem Franz. von Erwin Landrichter, Wien, Turia + Kant 2014.]

Vivre du paysage, ou L'Impensé de la raison. Gallimard, »Bibliothèque des idées«, 2014.

François Julliens Werke sind bisher von verschiedenen französischen Verlagen in 21 Taschenbuchausgaben herausgegeben worden. Der Verlag Le Seuil hat sie auch in zwei Sammelbänden zugänglich gemacht:

Band 1 (1989–1997), *La Pensée chinoise dans le miroir de la philosophie*, 2007, S. 1889.

Band 2 (1998–2005), *La Philosophie inquiétée par la pensée chinoise*, 2009, S. 1427.

Angaben zu Übersetzungen in andere Sprachen finden sich im Anhang eines kürzlich erschienenen Handbuchs, *L'Archipel des idées de François Jullien*, Maison des Sciences de l'Homme, 2014. Dort sind auch die wichtigsten Studien über das Werk von François Jullien aufgelistet, zumeist Akten von Kolloquien: 27 Publikationen, davon sechzehn auf Französisch, die weiteren in sieben anderen Sprachen. Eine ist ins Deutsche übersetzt worden:

Penser d'un dehors (la Chine). Entretiens d'Extrême-Occident, en collaboration avec Thierry Marchaisse. Seuil, 2000, 506 S. [*Der Umweg über China: ein Ortswechsel des Denkens.* Aus dem Franz. von Mira Köhler, Berlin, Merve 2002.]

Um zu zeigen, wie sehr sein Werk in Mode gekommen ist, seien hier die Publikationen über François Jullien aufgelistet, die in Frankreich erschienen sind:

Penser d'un dehors (la Chine). Entretiens d'Extrême Occident, entretiens conduits par Thierry Marchaisse. Seuil, 2000, 506 S. (oben bereits angeführt).

Dépayser la pensée. Dialogues hétérotopiques avec François Jullien sur son usage philosophique de la Chine. Sous la direction de Thierry Marchaisse. Les Empêcheurs de penser en rond, 2003, 246 S.

L'Indifférence à la psychanalyse. Sagesse du lettrés chinois, désir du psychanalyste: rencontres avec François Jullien. Sous la direction de Laurent Cornaz. Presses universitaires de France, 2004, 197 S.

Chine/Europe. Percussions dans la pensée. A partir du travail de François Jullien. Sous la direction de P. Chartier et T. Marchaisse. Presses universitaires de France, 2005, 255 S.

La pratique de la Chine en compagnie de François Jullien, de André Chieng. Grasset, 2006, 280 S.

Contre François Jullien, de Jean François Billeter. Allia, 2006, 87 S.

Oser construire. Pour François Jullien, sous la direction de Pierre Chartier et al. Les Empêcheurs de penser en rond, 2007, 151 S.

L'Œuvre en cours de François Jullien. Un déplacement philosophique, de Philippe Jousset. L'Harmattan, 2007, 163 S.

Les apports de la pensée chinoise au pilotage par les processus. Réflexion menée à partir des travaux de François Jullien, sous la direction de Dominique Fauconnier. Les Dossiers du Club des Pilotes de Processus, 2008, 120 S.

Autour de De l'Universel, de l'uniforme, du commun et du dialogue entre les cultures *de François Jullien*, in *Le Débat* n° 153, 2009, S. 157–192.

Dérangements-aperçus autour du travail de François Jullien, sous la direction de B. Bricout et C. Serrurier. Hermann, 2011, 188 S.

En lisant François Jullien. La foi biblique au miroir de la Chine, édité par Pascal David. Collège des Bernardins, Lethielleux, 2012.

L'Archipel des idées de François Jullien, textes réunis par Nathalie Schnur. Maison des sciences de l'homme, 2014, 215 S.

Des possibles de la pensée. L'itinéraire philosophique de François Jullien, sous la direction de F. Gaillard et P. Ratte. Actes du colloque de Cerisy-la-Salle 2013, Hermann, 2015.

Erste Auflage, Berlin 2015

Druck und Bindung: Artdruk, Szczecin
Umschlaggestaltung nach einer Idee von Pierre Faucheux
ISBN 978-3-95757-158-8

www.matthes-seitz-berlin.de